T. C. McLuhan

Cathédrales de l'Esprit

L'appel des sites sacrés

Traduit de l'américain par Emmanuel Scavée

Éditions du Rocher
Jean-Paul Bertrand

Titre original : *Cathedrals of the Spirit*, HarperCollins Publishers, 1996.

ISBN 2 268 02407 5

À ma mère
Corinne Lewis McLuhan
... à la grâce inexprimable...

Sommaire

Je suis trop religieux pour croire en la religion. Vous n'avez pas besoin de croire en un monde sacré. Il vous saute au visage. Il est partout.

UN HONGROIS DE QUATRE-VINGTS ANS,
AMI DE LA POÉTESSE ET ROMANCIÈRE GRETEL EHRLICH [1].

Dès que vous contemplez le monde à travers une idéologie, vous êtes perdu. Aucune réalité ne peut s'accorder avec une idéologie. La vie est au-delà. C'est pourquoi les gens cherchent toujours un sens à la vie... On ne trouve de sens que lorsque l'on va au-delà du sens. La vie n'a de sens que si on la comprend comme un mystère, et elle n'a pas de sens pour l'intelligence conceptuelle.

ANTHONY DE MELLO (1931-1986),
JÉSUITE ET LETTRÉ INDIEN [2].

Tous nous marchons aux confins de l'éternité et par moments il nous est donné de voir à travers le voile de l'illusion.

ANSEL ADAMS (1902-1984),
PHOTOGRAPHE [3].

Plus je pense à ce mystère [la métamorphose de la terre], plus il m'apparaît dans mes rêves comme un « retournement » de la conscience – comme une éruption de vie intérieure – comme une extase... Il suffit que l'esprit soit renversé pour pénétrer dans une zone différente, car la forme entière du monde en sera immédiatement changée.

PIERRE TEILHARD DE CHARDIN (1881-1955),
PALÉONTOLOGUE, PHILOSOPHE, JÉSUITE [4].

Le cosmos entier, tout ce qui reste immobile ou tout ce qui bouge, est imprégné par le divin.

ISA UPANISHAD,
LE *VEDANTA*, ANCIENS ÉCRITS HINDOUS
(VERS 2500 AVANT J.-C.) [5].

Le troisième millénaire sera spirituel ou il ne sera pas.

ANDRÉ MALRAUX (1901-1976),
ATHÉE, HOMME POLITIQUE ET ÉCRIVAIN FRANÇAIS [6].

REMERCIEMENTS

Je suis redevable à la bibliothèque publique de New York de m'avoir ouvert les portes du Wertheim Study, une oasis de rêve et de création pour mes tentatives littéraires, au cours des douze dernières années.

Les services de prêt de la bibliothèque m'ont également été d'une aide inestimable, en facilitant les vastes recherches qui forment le pivot d'un ouvrage de cette nature. Philip Yockey, Jane Greenlaw et Robert Dumont se sont montrés particulièrement efficaces dans l'identification de titres et de documentations plutôt évasifs. Je leur suis reconnaissante de leur bonne volonté, leur ingéniosité et, le plus important, leur bonne humeur. Je souhaiterais également remercier Wayne Furman, de l'Office of Special Collections, pour les services rendus par son bureau et l'intérêt dont il a toujours fait preuve à l'égard de mon travail.

J'exprime également ma reconnaissance à John Lundquist, responsable de la section orientale de la bibliothèque, qui m'a familiarisée avec les complexités de cette collection – une mine d'or de savoir cosmique – et qui m'a guidée dans l'utilisation opportune de ses importantes ressources, irremplaçables pour un tel livre.

Je souhaiterais aussi témoigner ma gratitude à l'égard de l'éditeur Larry Ashmead pour ses encouragements et son jugement infaillible. Je remercie également son assistant, Jason Kaufman, pour ses commentaires judicieux et son enthousiasme durant toute l'élaboration de cet ouvrage.

Et Loretta Barett, mon agent, m'a apporté un soutien sans faille, qui a grandement contribué à la réalisation de ce livre.

INTRODUCTION

Ce livre parle des lieux sacrés. Il parle de ces paysages comme de centres d'inspiration où la conscience humaine est temporairement libérée. L'expérience d'un lieu sacré, et donc l'expérience du sacré lui-même, est un retour à l'état de plénitude – une découverte de nos véritables origines. C'est pourquoi ce livre vous invite à vous redécouvrir vous-même.

Les sites sacrés sont les dépositaires anciens, saints et vivants des images sacrées, des vérités éternelles, des aspirations physiques, sociales et spirituelles comme du potentiel profondément humain de nombreuses cultures traditionnelles disséminées sur la planète. Dans le cadre de nos propres critères économiques, « la plupart des sites sacrés sont réputés être "d'or" », écrit l'anthropologue Fred Myers.

Dans le monde entier, on révère des lieux sacrés. Ce sont souvent des sites naturels, des arbres, des pics montagneux, des landes, des chutes d'eau, des collines, des affleurements de rocher isolés, des points d'eau, des grottes, des forêts, des sources, les endroits où sont érigés des tertres funéraires. Outre ces sites naturels, il y a des lieux fabriqués par la main humaine : des monuments de granit comme les dolmens, les alignements mégalithiques de Carnac en Bretagne, le site de Stonehenge dans la plaine de Salisbury, des salles souterraines comme la chambre du roi de la Grande Pyramide, et les kivas indiennes du Sud-Ouest américain ; des puits de pierre comme Chalice Welle à Glastonbury dans le sud-ouest de l'Angleterre, le Great Serpent Mound près de Peebles, dans l'Ohio, et le grand temple de Machu Picchu au Pérou ; les galeries rocheuses – les « Louvre à ciel ouvert » comme on les a appelées – que l'on rencontre dans l'Australie aborigène et en Afrique, pour n'en citer que quelques-uns. Ces lieux saints révèlent des lois spirituelles, encouragent la cohésion sociale et culturelle, expriment l'attachement à une terre et contribuent à la qualité de la vie.

Ces paysages ne sont qu'une dimension du mystère et du sacré. Ces centres spirituels sur la terre se distinguent par leur nature divine. En anglais, les termes « holiness » et « health » * dérivent d'une même racine germanique qui signifie « tout entier ». Les premiers mystiques chrétiens assimilaient la quête de l'absolu à la « voie de l'unité ». Ralph Waldo Emerson considérait le sacré et sa place dans la trame de l'univers comme une expression métaphysique du potentiel suprême de l'humanité. « Finalement, rien n'est sacré si ce n'est l'intégrité de votre propre esprit [1] », écrivait-il. Le mot « intégrité » vient du latin *integritas*, qui signifie totalité, plénitude, pureté. « L'homme est un dieu en ruines », dont l'aspiration ultime est de réintégrer l'esprit humain fracturé, affirmait Emerson. Lieu de reconstruction, les sites sacrés font partie du « théâtre de l'être », comme l'écrit un sage Kiowa, et à ce titre ils doivent être jalousement protégés. Ce sont aussi des voies intemporelles qui mènent au cœur même de l'existence humaine.

De Chartres à Aix-la-Chapelle

Ce livre, *Cathédrales de l'Esprit*, propose une carte pluriculturelle de la conscience humaine qui tente de découvrir le sens fondamental d'une multitude de

* En français, « sainteté » et « santé » (*N.d.T.*).

sites sacrés à travers les révélations de ceux qui les ont contemplés et imaginés. Les profonds courants d'énergie qui illuminent et unissent l'humanité sont une caractéristique remarquable de cette exploration. Dans la mythologie occidentale, on peut aisément concevoir que le plus sacré des sites est le ciel, la cathédrale étant le véhicule qui nous transporte vers lui. Le mot « cathédrale » dérive du mot grec *cathedra*, qui signifie « chaire », « trône », « autorité ». (Une cathédrale se distingue d'une église en ce qu'il s'y trouve un siège épiscopal appelé « cathèdre ».) On a parfois, sous les croisées d'une grande cathédrale médiévale, le sentiment de se trouver dans le ciel ou au centre du monde. Dans cet ouvrage, le sens traditionnel de la cathédrale considérée comme un édifice a été élargi pour englober les cathédrales d'arbres, les cathédrales immémoriales – cathédrales de l'âge de pierre ou cathédrales souterraines –, les cathédrales à ciel ouvert et les cathédrales intérieures.

Les magnifiques cathédrales gothiques du Moyen Âge étaient d'importants centres de pèlerinage qui célébraient la conception terrestre des sphères célestes. L'église abbatiale de Saint-Denis, près de Paris, par exemple, était devenue un sanctuaire qui abritait les sépultures des rois de France. Chartres, la cathédrale gothique par excellence – construite entre 1194 et 1220 –, fut dessinée par un maître inconnu selon les principes sacrés de l'astronomie et de la géométrie antiques. La structure tout entière de la cathédrale porte l'empreinte de la sagesse éternelle des anciens. Son célèbre Labyrinthe du Pèlerin, que dessinent les dalles noires sur le sol de la nef sous la rosace (et qui apparaît comme l'exact reflet de son diamètre), n'est rien d'autre qu'un symbole concret de l'architecture sacrée qui représente le passage dans un autre monde, le retour à la source. Au Moyen Âge, l'expression la plus répandue pour désigner un labyrinthe était « route de Jérusalem », la route qui mène à l'*omphalos*, le centre ou nombril de la terre.

La cathédrale d'Aix-la-Chapelle en Allemagne, que Charlemagne a fait construire à la fin du VIIIe siècle, est un autre exemple de récupération et d'intégration dans ses proportions célestes d'une connaissance très ancienne. Paul Devereux, dont les travaux sur la géomancie font autorité, rapporte que la Chapelle palatine, partie la plus ancienne de la cathédrale bâtie sur une figure octogonale, possède des propriétés astronomiques exceptionnelles qui se traduisent par des jeux de lumière où les rayons solaires engendrent de véritables feux d'artifice. Devereux a relevé une affinité frappante avec les alignements transversaux des anciennes et imposantes structures mégalithiques de Stonehenge, à Avebury, et avec la Grande Pyramide, affinité qui ne tient pas seulement au plan octogonal de la Chapelle palatine, mais aussi aux effets kaléidoscopiques produits par la lumière solaire [2].

Le très révérend James Parks Morton, doyen de l'immense cathédrale gothique de St. John the Divine à New York, écrit que les cathédrales étaient, « par leur nature même », bâties pour représenter le monde tout entier. « Ce sont des microcosmes... une vision de la Cité céleste ici, sur la planète Terre. Il s'agit de nous rendre visible cette harmonie du sentiment de communion que l'on appelle Paix (ou Shalom ou Salaam ou Mir) [3]... »

L'empreinte du Ciel

Cette alchimie architecturale de l'humain et du divin était soulignée par la rencontre des cieux et de l'âme des grands bâtisseurs. La beauté et la splendeur des lieux sacrés de l'Église évoquaient des images célestes d'un paradis à venir. Rien n'était négligé pour exalter et transporter les fidèles vers une sorte de paradis sur terre. Les sublimes vitraux, la profusion d'or et de pierres précieuses qui ornaient le tabernacle, les crucifix, les calices, les châsses et les somptueuses robes ecclésiastiques apparaissaient comme une véritable manifestation d'un paradis terrestre. L'architecture grandiose, les chants angéliques, la lumière surnaturelle, les processions et les cérémonies majestueuses s'associaient pour élever les fidèles et les officiants vers le royaume divin de la Jérusalem céleste. La cathédrale gothique était une imposante représentation de la vision populaire du ciel au Moyen Âge. La conception de l'édifice est manifestement une métaphore profondément émouvante et convaincante. Peut-être y a-t-il aujourd'hui moins de pompe, d'apparat, de rituel et moins de communiants à cause de la sécularisation des cérémonies et de l'épanouissement d'une nouvelle sorte de pèlerins qui cherchent le sens profond de la vie sur des chemins moins fréquentés. Ce livre envisage d'autres approches, d'autres interprétations et d'autres expressions du « ciel » et de l'univers paradisiaque.

John Main (1926-1982), écrivain et moine bénédictin, a un jour déclaré : « Le royaume n'est pas un endroit où nous allons, mais plutôt une expérience que nous vivons en nous-mêmes à chaque souffle. » Sainte Catherine de Sienne (1347-1380), qui demeura plongée pendant trois ans dans une méditation silencieuse et que l'on appelait « la mère aux milliers d'âmes », disait : « La voie qui mène au ciel est tout entière céleste. » L'esprit même du zen révèle pareillement que l'on peut accéder au divin à travers le miracle ordinaire de chaque instant, de chaque jour. À ce propos, je me rappelle la réponse du mahatma Gandhi à un journaliste qui voulait savoir pourquoi et comment il pouvait s'impliquer aussi totalement dans ce qu'il faisait : « Je suis toujours en vacances », disait-il.

Bernard de Clairvaux, l'une des personnalités spirituelles les plus marquantes de l'Europe du XIIe siècle, avait découvert le « ciel » dans le livre de la nature. Il considérait la nature comme une allégorie des choses célestes. Sa conscience de la vérité des sciences divines et des Saintes Écritures lui venait du spectacle grandiose des bois et des champs. « Je n'ai jamais eu d'autre maître que les hêtres et les chênes [4] », écrivait-il. Une encyclopédie catholique définit ainsi le paradis : « Lieu et état de bonheur parfait et éternel. Il consiste d'abord en la contemplation de Dieu en face, que l'on appelle la Vision béatifique. Cette vision comprend la possession spirituelle et l'amour de Dieu dans toute la mesure dont est capable la créature [5]. » Bouddha parle du nirvana comme du « bonheur suprême ». L'auteur inconnu et inspiré de l'antique poème épique hindou, le *Mahābhārata*, affirme : « L'adepte qui possède en lui-même le bonheur et aussi la lumière (de la connaissance) trouve la béatitude en devenant un avec Brahman. » Dans *La Divine Comédie* de Dante, Béatrice elle-même représente le bonheur cosmique. Dante décrit ainsi cet Amour radieux qu'est Béatrice : « Il me semblait voir l'univers entier sourire et mon ivresse entrer dans mes sens par l'ouïe et par la vue. Ô bonheur ! Ô allégresse ineffable ! Ô vie entière d'amour et de paix ! Ô richesse assurée, sans désir ! [6] »

Dans *Feuilles d'herbe* de Walt Whitman, il n'est pas une seule page qui ne témoigne du bonheur et de la beauté que recèlent les merveilles intérieures de l'union avec l'esprit. « J'allai, ébahi par ma propre légèreté et ma joie », écrit Whitman. Ailleurs il déclare : « Ô la joie de mon esprit – libéré de sa cage – il s'élance comme l'éclair. » Et enfin : « L'océan emplit de joie – l'atmosphère toute de joie ! Joie, joie en liberté, dévotion, amour ! Joie dans l'extase de la vie [7]. »

Tant de joie. Comment pouvons-nous connaître ce lieu et cet état qui suscite de telles manifestations d'exaltation et de divinité ? Quel est le sens de cette expérience de fusion dans l'être ? Ce livre, *Cathédrales de l'Esprit*, invoque le paysage des lieux sacrés – qu'ils portent l'empreinte de l'homme, de la nature, ou du divin – pour pénétrer et pressentir l'énigme de l'existence humaine.

L'appel des sites sacrés

« Un lieu saint... est une construction de l'imagination qui affirme l'indépendance du sacré [8] », écrit le théologien Belden C. Lane. Autrement dit, le pressentiment du sacré dans les *loca sacra* est essentiellement une initiation à un espace sanctifié qui possède sa propre capacité de révélation. « En réalité, le lieu n'est jamais "choisi" par l'homme », dit l'historien des religions Mircea Eliade. « Il est simplement découvert par lui... Le lieu sacré se révèle d'une manière ou d'une autre par lui-même [9]. » Les anciens Grecs d'ailleurs employaient à propos des lieux sacrés le terme *abaton*, terre inaccessible. Cette idée d'une terre sacrée qui choisit plutôt que d'être choisie est au cœur d'innombrables traditions spirituelles dans le monde. Le psychologue suisse Jean Piaget pensait que les très jeunes enfants vivent dans un univers de grâce perpétuelle en ce qu'ils ont une conscience instinctive qui leur permet de reconnaître les formes et les structures d'inspiration divine. « L'enfant se comporte comme si la nature était chargée d'intention », a-t-il écrit. Et Mircea Eliade ajoute que l'idée d'un « monde totalement profane, le cosmos entièrement désacralisé est une découverte récente dans l'histoire de l'esprit humain[10] ».

Ceux qui sont le mieux à même d'évoquer la dynamique du sacré, sont ces êtres d'exception qui, spontanément, savent qu'ils n'ont jamais été séparés de la puissance divine qui s'affirme dans la vie. Leurs voix reflètent la connaissance éternelle des traditions qui n'ont jamais rompu le lien avec la terre unifiée de la création. Comme l'écrit Amadou Hampâté Bâ, philosophe et humaniste malien musulman, « les plus profonds des secrets de la vie sont cachés dans les entrailles et les tunnels de la terre. Le mythe nous apprend que la vie a commencé dans une grotte, a grandi dans un puits et a jailli d'une crevasse [11] ». Lorsqu'un vieil aborigène australien parle du mont rocheux d'Uluru dans le désert d'Australie centrale, il le décrit comme la mémoire sacrée des origines de son peuple – c'est-à-dire de lui-même – qui, telle une baguette magique, possède le pouvoir d'évoquer les énergies ancestrales de la terre. Un Pitjantjatjara, gardien de la présence vivante de ce site sanctifié, décrit le lien inaliénable qui l'unit à ce lieu en ces termes : « Je suis Ayers Rock... Ceci est ma grande cérémonie... cette grotte sainte... ce grand camp avec son arbre sacré [12]. » La terre *est* l'être lui-même, « le vrai soutien de l'âme », écrit le poète, auteur dramaturge et artiste aborigène Kevin Gilbert [13].

La Terre : le Sol et l'Âme

Lee Marshall, le président du Conseil tribal Havasupai, décrit le caractère et la fonction de la terre comme un fondement de l'être, comme un élément vital et unificateur de l'existence des Indiens d'Amérique. L'interaction entre les croyances et le sol sur lequel elles sont nées et se sont épanouies est partie intégrante de la conception du réel par les Indiens. Lors d'une discussion avec des fonctionnaires de l'administration forestière des États-Unis, Lee Marshall, dont le peuple vit dans l'une des régions les plus prodigieuses du monde, le Grand Canyon – qui est aujourd'hui un vaste « zoo » du Service des parcs nationaux –, a un jour clôturé les débats sur ce que représente cette terre pour la tribu Havasupai en ces termes : « Je vous ai tous entendus parler du Grand Canyon. Bon, mais vous ne faites que le regarder. Je *suis* le Grand Canyon [14]. »

La chaîne montagneuse de la Black Mesa dans le désert de l'Arizona est un univers sacré pour le peuple Dine (Navajo). Elle est en elle-même le flux créateur : « La Black Mesa commence en nous. Les Quatre Montagnes sacrées sont nos lois. Le peuple Navajo est issu des mondes passés, ici entre nos Quatre Montagnes sacrées, et c'est ici que nous devons rester pour vivre selon les coutumes Dineh-Navajo [15]. » Le caractère sacré du sol, selon l'auteur nigérien Cosmas Okechukwu, s'étend à toute la planète et « puisque la terre entière est sacrée », écrit-il, « chaque parcelle est donc d'une manière générale sacrée et est traitée comme telle. Ainsi le peuple vivait littéralement au milieu du sacré [16]. »

Le bouddhiste zen et philosophe japonais Daisetz Suzuki pense que « la terre est le corps même de l'homme ». Elle est un amour sans limites, une source profonde de joie ; elle est le « grand éducateur » et le « grand maître de discipline » de l'espèce humaine. C'est grâce à elle qu'un être parvient à se réaliser parfaitement, affirme Suzuki [17]. L'écrivain grec Kostas Pasagianis a relaté l'expérience de la « lumière bleue mystique » et de la « non-existence trois fois bénie » des montagnes de Grèce où « s'épanouit la vie incorruptible et immortelle » et où l'on appréhende « le mystère de la naissance du monde [18] ».

Pour Emerson, l'âme clairvoyante est conscience de soi, connaissance de l'inconnaissable, un « chant choral qui s'élève de tous les éléments, de tous les anges ». Ainsi qu'il l'écrit : « L'homme est fait des mêmes atomes que le monde, il partage les mêmes impressions, les mêmes prédispositions et la même destinée. Quand son esprit est éclairé, quand son cœur est bon, il s'élance joyeusement dans l'ordre sublime et accomplit, en conscience, ce que les pierres font par leur structure [19]. »

La nature des sites sacrés est comparable à la nature divine en ce qu'il n'est rien qui ne leur soit relié. Henry Miller écrivait que « notre destination n'est jamais un lieu, mais plutôt une nouvelle manière de regarder les choses ». De ce point de vue, eu égard au rôle propice joué par les légendes, les rituels et les mythes dans la sanctification d'un lieu [20], il nous faut aussi envisager les approches suivantes pour mieux comprendre la signification holistique de la terre sacrée :

- les sites sacrés comme perceptions de la réalité ;
- les sites sacrés non comme de simples lieux mais comme des événements où chaque moment est éternel ;
- les sites sacrés comme des lieux de reconstruction ;
- les sites sacrés comme un creuset renouvelé de la conscience ;
- les sites sacrés comme des encyclopédies de la connaissance de soi ;
- les sites sacrés comme des vaisseaux temporels qui nous emportent de nous-mêmes vers nous-mêmes ;
- les sites sacrés comme des portes s'ouvrant sur l'élévation ;
- les sites sacrés comme une géographie de l'imagination ;
- les sites sacrés comme des centres de réconciliation du sacré et du profane ;
- les sites sacrés comme des royaumes abritant la mémoire des choses à venir.

L'accès à un paysage sacré est une expérience chargée d'un grand potentiel humain. Les pèlerins qui traversent les pages de ce livre sont autant de témoins attestant d'une efflorescence créatrice et spirituelle qui survient dans son cadre naturel et restitue comme un état de grâce. Ces voyageurs apportent une pierre de touche qu'ils partagent dans une même allégeance au mystère de la vie.

CATHÉDRALES D'ARBRES

Rares sont ceux qui restent tout à fait sourds au prêche des pins. Leurs sermons sur les montagnes nous vont droit au cœur et si l'on pouvait, ne serait-ce qu'une fois, emmener les gens en général dans les bois pour entendre les arbres plaider leur cause, toutes les difficultés en matière de préservation des forêts s'évanouiraient.

John Muir (1838-1914),
naturaliste et défenseur des sites naturels [21].

Les arbres sont les plus grandes et les plus anciennes formes de vie sur terre. Ils cultivent notre esprit et nous offrent nourriture, consolation, beauté et ombrage. Les forêts sont bien plus que de grands rassemblements d'arbres. Ce sont des organes complexes qui opèrent la synthèse des éléments fondamentaux de la vie. Les arbres jouent un rôle unique et crucial dans le grand écosystème terrestre : ils sont comme des laboratoires alchimiques où, avec l'aide du soleil, de l'eau, de l'air et d'éléments nutritifs, se crée la matière vivante. Sans les forêts, l'atmosphère terrestre ne se renouvellerait pas et l'air qui entoure la planète ne suffirait pas à maintenir le genre de vie que nous connaissons. Chaque arbre, si petit soit-il, joue son rôle dans le grand théâtre planétaire du renouvellement. Beaucoup d'entre nous sentent confusément qu'il manque quelque chose quand ils contemplent un paysage sans arbres. Certains choisissent d'ailleurs de vivre parmi les arbres. C'était sans doute le cas de ce jeune New-Yorkais qui est allé jusqu'à se bâtir subrepticement une série de treize cabanes très élaborées dans les arbres de Central Park et qui y a vécu pendant huit ans jusqu'à ce que la police du parc découvre et démantèle ses constructions. « La vie est douce dans les arbres », a expliqué l'impénitent arboricole [22].

Dans les cultures du monde entier, le pouvoir sacré et bénéfique des arbres est reconnu. Les Indiens d'Amérique du Nord les considèrent comme nos aînés ; en Inde, on vénère l'arbre bodhi sous lequel Bouddha reçut, dit-on, l'illumination ; les baobabs d'Afrique sont au centre des cérémonies, des rituels et de la science médicinale ; c'est sous un chêne qu'Abraham offrit l'hospitalité aux anges ; les séquoias de l'Ouest américain sont aujourd'hui regardés comme un trésor national inestimable et une précieuse source d'inspiration spirituelle. Le peuple Chilula, qui pendant des siècles a vécu dans les forêts californiennes de pins et de séquoias redwood, raconte que les séquoias sont des esprits incarnés. « L'essence des arbres a une manière bien à elle de toucher l'âme profonde de l'humanité », affirme l'un des membres de la tribu, Fido Davis. « Une telle expérience procure un sentiment d'humilité et de sécurité. Elle donne un sens à notre existence. C'est pourquoi nous disons que la forêt de Redwood est comme une église ; les arbres ont un pouvoir et ils sont vivants [23]. » Et d'ailleurs un vieux Ghanéen de l'ethnie Akuropon rapporte qu'en temps de guerre ou de crise, un chef était capable de « se transformer en arbre » par mesure de protection [24].

Dans son autobiographie, Carl Gustav Jung raconte avoir rencontré en rêve un arbre de passage – l'Arbre de Vie ou Arbre cosmique (symbole universel de l'omphalos : l'axe cosmique, la racine de toutes les racines, l'œuf divin) – sous la forme d'un magnolia aux fleurs soyeuses et au parfum céleste et que c'est cette rencontre qui lui a finalement confirmé toute l'importance de l'omphalos dans le développement humain. Il rapporte qu'au cœur de son rêve se trouvait une petite île illuminée de soleil, entourée d'ombre et de suie. « Dessus s'élevait un seul arbre, un magnolia aux fleurs rougeoyantes en cascade. C'était comme si l'arbre se dressait dans les rayons du soleil et était en même temps la source de la lumière [25]. » Hildegarde de Bingen, la grande mystique, théologienne et musicienne rhénane du XIIe siècle, nous a légué le terme *viriditas*. Elle évoque et célèbre « le verdoiement exquis des arbres et des herbes », la façon dont toute la création, et en particulier l'humanité, est « inondée de fraîcheur verdoyante, le pouvoir vital de fructifier [26] ». Et William Blake, en 1799, écrivait que « la nature est l'imagination même » pour l'être humain qui sait voir avec des yeux imaginatifs.

Cette grotte simule les origines d'une manière qui rend la contemplation presque superflue. En un sens, je suis comme échoué à l'entrée de moi-même.

James Cowan,
poète et écrivain australien,
au cœur d'un site sacré aborigène [27].

On a parlé, pour évoquer les grottes, de « cathédrales de l'âge de pierre » ou de « vastes temples naturels souterrains ». Dès l'Antiquité, les shamans et les animistes se sont servis des grottes pour y célébrer leurs rites. Ce sont des lieux de retraite où l'on peut retrouver le contact avec les entrailles profondes de la Terre Mère. « C'est dans les grottes », écrit Mircea Eliade, « que les aspirants sont visités par les rêves et rencontrent leurs esprits auxiliaires » lors de leur initiation au savoir shamanique. De même, les kivas construites par les Indiens Pueblos du sud-ouest de l'Amérique sont en fait des grottes artificielles, des sanctuaires de pierre souterrains, des chambres où se pratiquent encore de nos jours les rituels et les cérémonies.

La grotte paléolithique de Lascaux, découverte en 1940 dans le sud-ouest de la France, offre à la vue une série de peintures et de dessins d'animaux dont la puissance et la beauté sont saisissantes. Certains pensent que ces images profondément troublantes, qui rayonnent dans les ténèbres d'une vibration intérieure presque inaccessible, étaient des vecteurs grâce auxquels les hommes communiaient avec les forces divines [28]. En tout cas, la lente progression labyrinthique au plus profond des entrailles de pierre où sont conservées ces images et où, peut-être, avaient lieu les rencontres avec l'esprit, n'est pas sans évoquer la voie sinueuse qui symbolise de toute éternité l'ascension de l'espèce humaine vers l'Essence divine.

De même, en 1994, la découverte près d'Avignon de la grotte de Chauvet – dont les quelque trois cents peintures et gravures parfaitement conservées dans leur fascinante beauté sont pourtant vieilles de vingt mille ans, estime-t-on – a révélé une sorte d'autel avec un crâne d'ours trônant sur une grande pierre au milieu d'une galerie, sur un fond de peintures rupestres représentant des ours. Un expert français a déclaré que « la manière même dont les animaux sont dessinés est la preuve de quelque chose de sacré [29] ».

Grottes-sanctuaires ? Lieux de cérémonie ? Nombre d'archéologues estiment depuis longtemps que ces grottes préhistoriques étaient le cadre de rituels shamaniques qui devaient ouvrir la voie à l'illumination. Aujourd'hui encore, chez les Kogi, qui s'appellent eux-mêmes les Frères Aînés de l'humanité et qui vivent dans un massif montagneux isolé en forme de dôme – la Sierra Nevada de Santa Marta en Colombie –, la formation d'un *Mama* (un Éclairé) commence dès sa petite enfance dans une grotte.

Les magnifiques grottes de l'âge de pierre, Lascaux, Chauvet, Les Trois Frères (dans les Pyrénées) et Altamira (dans le nord de l'Espagne) préfigurent les grands tertres néolithiques comme Newgrange en Irlande, Gavrinis en Bretagne, Maes Howe (sur la plus grande des îles Orcades, au large de la côte nord-est de l'Écosse) et les souterrains de l'âge de fer du nord-ouest de l'Europe. Il faut mentionner aussi le célèbre Great Serpent Mound du comté d'Adams, dans l'Ohio, un imposant ouvrage de terrassement à l'effigie d'un serpent de quatre cents mètres de long, de même que les tertres indiens préhistoriques que l'on rencontre en amont du fleuve Ohio et de son vaste réseau d'affluents.

On trouve des exemples plus tardifs de paysages sacrés souterrains dans les grands temples chinois de Yun-kang datés du Ve siècle, qui consistent en une série de spectaculaires sculptures de bouddhas et de bodhisattvas, de musiciens célestes et de messagers ailés, tous creusés à même le grès de la falaise en commémoration des premiers rois de la dynastie Wei de la Chine du Nord. Près de Madras, dans le sud de l'Inde, le complexe de sanctuaires creusés dans la roche de Mahabalipuram, édifié au VIIe siècle par les rois Pallava, offre un spectacle non moins admirable. Un pèlerin moderne, le moine et poète Thomas Merton, écrivit après avoir contemplé Mahabalipuram : « Mon pèlerinage asiatique est devenu limpide et s'est purifié [30]. »

La terre s'est révélée à moi comme une créature vivante, le roc et l'argile se sont faits transparents pour me donner à voir les êtres les plus beaux et les plus nobles que j'aie jamais connus, et pour m'associer à la mémoire de choses grandioses, d'événements depuis longtemps révolus... Le corps de la Terre a des régions particulières par où la perception semblait circuler avec la plus grande clarté.

Georges William Russell,
agriculteur irlandais, mystique et poète,
évoquant le passage spectaculaire à un autre niveau
de conscience devant un verdoyant site sacré, 1932 [31].

Les vastes affleurements de rochers, les collines, les pics, les grands mégalithes et les galeries rocheuses sont considérés dans de nombreuses cultures comme des jalons de l'esprit, des réceptacles de la sagesse et de la connaissance éternelle. Comme le disait un maître spirituel Hopi, Claude Kuwanijuama : « L'homme n'a pas le privilège exclusif de la mémoire. Les pierres se souviennent. La terre se souvient. Si vous savez écouter, elles vous diront quantité de choses [32]. » Lone Man, un Sioux Teton, expliquait en 1918 que la terre est protégée par un pouvoir qui parfois se manifeste sous la forme de pierres sacrées, grandes ou petites. « La présence d'une pierre sacrée vous protégera du malheur », disait-il. « *Wanka Tanka* révèle aux pierres sacrées bien des choses qui arriveront aux hommes [33]. »

C'est à Carn Ingli (« le mont des Anges »), l'un des pics de Mynedd Preseli, un massif montagneux dans le sud-ouest du Pays de Galles, que saint Brynach, célèbre saint homme du VIe siècle, eut à plusieurs reprises des visions qui aidèrent son esprit à s'épanouir et à communier avec les anges. C'est dans les collines près de Dublin et parmi les dunes de sable sur la côte atlantique que l'écrivain irlandais George Russell eut l'intuition éblouissante de « la mémoire de la nature » et de « la mémoire de la Terre » qu'il pouvait capter quand il le désirait. Ces sites sacrés lui ont révélé « les lieux et les peuples les plus anciens et des paysages aussi beaux que le paradis perdu [34] ».

De même, dans de nombreuses traditions existantes, la fusion de l'homme et de la montagne pour ne plus former qu'un seul être incarnant la vérité et la lumière apparaît comme une étape fondamentale sur la voie de la connaissance de soi et de l'univers. Les montagnes sont présentes dans la vie spirituelle d'innombrables cultures du monde comme les métaphores d'un mode d'existence transcendant, comme les vivants dépositaires des énergies sacrées, des vecteurs de puissance et de révélation, des états de conscience sacrés et comme des lieux où se manifeste la divine providence. Dōgen, le maître japonais du zen qui vécut au XIIIe siècle, nous enseigne que « depuis des temps immémoriaux les montagnes ont toujours été le séjour des grands sages ; les saints hommes et les sages ont tous fait des montagnes leur propre demeure, leur propre corps et leur esprit [35] ». Les Kogi de Colombie, qui vivent eux-mêmes sur les sommets, savent que les montagnes sont sages et sacrées : « La Mère nous a appris à respecter toutes les montagnes. Ce sont des sanctuaires. Nous savons que toutes les montagnes que nous voyons sont vivantes. Aussi nous leur faisons des offrandes. » Et un prêtre Tewa nous enseigne que « dans les montagnes et alentour, votre autorité vous est rendue [36] ».

La Voie des Correspondances

Ces paysages conscients, interactifs, faisaient partie de la vie quotidienne de nos ancêtres. C'est une réalité reconnue par les cultures traditionnelles du monde entier. Les bâtisseurs de monuments mégalithiques comme Stonehenge, Avebury, la Grande Pyramide, Chaco Canyon, Machu Picchu, Teotihuacan et Palenque édifiaient leurs sanctuaires selon les principes sacrés de l'astronomie et de la géométrie antique, fondée sur le système des correspondances, au centre duquel se trouvait la Nature. « Les peuples les plus anciens », écrit Emmanuel Swedenborg, homme de science et mystique suédois, « étaient des hommes célestes qui pensaient, comme les anges, par correspondance ». Et Swedenborg définit ainsi la correspondance :

« Le monde naturel tout entier correspond au monde spirituel, et non seulement le monde naturel en général, mais aussi chacun de ses détails ; en conséquence, chaque chose dans le monde naturel qui émane du monde spirituel est appelée un correspondant [37]. » La pensée de Swedenborg rejoint la sagesse des aborigènes et la philosophie islamique sur l'univers des corrélations. Ainsi, les Gagudju qui peuplent la région d'Arnhem Land dans le nord de l'Australie savent que la maturation des fibres que produit un arbre, le pandanus, est la preuve irréfutable de la présence de requins venus donner naissance à leurs petits dans les eaux toutes proches. Au XIe siècle, le visionnaire Abu Hamid Muhammad al-Ghazzali écrivait que « le monde visible a été créé pour correspondre au monde invisible et il n'y a rien dans ce monde-ci qui ne soit le symbole de quelque chose dans ce monde-là [38] ».

Les structures mégalithiques étaient des sites astrophysiques, des points de contact avec des univers plus vastes et ceux qui les construisaient en avaient conscience. Ce sont des capsules temporelles qui renferment les « mathématiques des étoiles ». Au sujet de son pèlerinage au Sri Lanka, à Polonnaruwa où sont représentés de grands bouddhas de pierre, certains debout, d'autres couchés, Thomas Merton écrivait : « L'ensemble forme vraiment... une vision splendide et sacrée. » Comme le moine trappiste se sentait étrangement incapable de traduire par des mots ce qu'il ressentait en ce lieu divin, un collègue indien lui déclara : « Ceux qui ont sculpté ces statues n'étaient pas des hommes ordinaires [39]. »

Et le pouvoir inhérent à ces monuments antiques était bien réel. Les anciens architectes possédaient une science spirituelle : ils connaissaient la voie des cieux et les principes des vérités éternelles. Ce savoir sacré était une porte ouvrant sur la conscience profonde du lien inaliénable qui unit l'humanité à la Terre, à sa propre Essence divine et au Cosmos.

Pour accéder à la conscience du divin, il n'est pas besoin d'aller dans une région ou un lieu spécial. Il suffit que l'œil soit tourné vers l'intérieur. Dans la Bhagavadgita, *la Réalité intérieure, l'Atma, est décrit comme « resplendissant tel un milliard de soleils ». Mais l'homme n'est pas conscient de la lumière et du pouvoir intérieur.*

Sri Sathya Sai Baba,
avatar indien [40].

Dans *Le Château intérieur* de Thérèse d'Avila, l'individu est un pèlerin qui progresse vers une destination inconnue où se mêlent l'humain et le divin. C'est un voyage intérieur caractérisé par une activité contemplative et un cheminement en soi. Comme tous les voyages, il comporte des étapes, des plateaux, des labyrinthes, des obstacles et des épiphanies inattendues. Le passage par les sept chambres du château de l'âme en cristal limpide de sainte Thérèse est une aventure à la fois spirituelle et terrestre. Sa citadelle aux nombreuses demeures est admirablement vaste « avec de beaux jardins, des fontaines, des labyrinthes, des choses si délicieuses que l'on voudrait se dissoudre en louanges à la gloire du grand Dieu qui a créé l'âme à son image et à sa ressemblance [41] ». C'est un pèlerinage à la découverte de soi, un appel vers la plénitude, vers l'élévation. Depuis des temps immémoriaux, les grands sages nous ont expliqué que chaque voyage a pour signification et pour but de rejoindre le foyer. Que l'on traverse la mer pour se rendre en Terre sainte ou dans la cité sacrée de La Mecque, que l'on chemine vers Canterbury, le mont Koya, la plaine d'Arafat, Saint-Jacques-de-Compostelle, ou simplement que l'on visite un mausolée local, que l'on médite, que l'on se tourne vers l'intérieur de l'âme humaine pour y atteindre ce point de convergence invisible de l'union spirituelle, le voyage est essentiellement le même : il tend vers le Centre.

Comment définir un pèlerin ? Le théologien Richard Niebuhr en donne la description suivante : « Les pèlerins sont des personnes en mouvement qui traversent des territoires étrangers en cherchant quelque chose que l'on pourrait appeler un accomplissement – peut-être le mot clarté conviendrait-il aussi bien –, un but vers lequel seule la boussole de l'esprit peut les guider. » Et il dit encore : « Tous autant que nous sommes, nous devenons à un moment ou à un autre des pèlerins, même si nous ne nous en donnons pas le nom. Les mots et leur signification sont animés par des courants d'énergie… qui nous assignent notre voie [42]. » Les circonstances qui nous poussent à prendre la route sont aussi variées qu'elles peuvent être mystérieuses et magiques. Le poète pèlerin du XVIIe siècle Matsuo Bashō se décrivait comme un « vieux sac de voyage usé », tandis qu'il trébuchait sur les pistes inconnues de son long périple de mille trois cents kilomètres à travers les montagnes du nord du Japon.

Le voyage lui-même, le pèlerinage, prend de multiples formes et s'enrichit de mythes et de symboles. En Inde, l'acte de *Tirtha-yatra*, de « partir en pèlerinage », est considéré comme la plus sainte des entreprises. L'accomplissement du *tirtha* constitue l'une des expressions de foi les plus élevées dans le mystère divin. Le *Mahābhārata*, le grand classique hindou, dénombre trois cent trente lieux et rivières sacrés dans un itinéraire de pérégrinations qui sillonne tout le pays de l'antique Bharat. Richard Leviton, éminent spécialiste des mystères de la terre, décrit son propre pèlerinage comme « autogéomythique : moi-même vivant le mythe dans la nature ». Il écrit : « Chaque pèlerinage est autoréflexif et intérieur. Vous êtes vous-même la géographie de la route… ; la connaissance opiniâtre de soi est la clé de l'éveil… Pensez à votre vie entière comme à un pèlerinage. Avant même que vous vous soyez posé pour la première fois la question "Au fond, à quoi rime ma vie ?" vous avez déjà entrepris le pèlerinage vers une réponse [43]. » Dans son livre *On Pilgrimage*, la militante socialiste Dorothy Day affirme que son existence entièrement consacrée à vivre « ici et maintenant la vie de l'esprit » l'a menée à la conviction que le principal échec de l'humanité a été de « ne pas aimer assez ». Et elle ajoute : « La personne *tout entière*, la personne sacrée doit être l'acteur central de la nouvelle civilisation [44]. »

Dans *Le Voyage en Orient*, Hermann Hesse évoque les bases métaphysiques universelles de la quête de l'illumination :

Je comprenais que je m'étais joint à un pèlerinage en Orient, en apparence un pèlerinage précis et individuel – mais en réalité, dans son sens le plus large, cette expédition en Orient n'était pas seulement la mienne à présent ; cette procession de croyants et de disciples avait toujours et incessamment marché vers l'Orient, vers le Foyer de la Lumière. Tout au long des siècles, elle avait cheminé vers la lumière et l'émerveillement, et chaque membre, chaque groupe, en fait notre multitude tout entière et son grand pèlerinage n'étaient qu'une vague dans le courant éternel des êtres humains, de la convergence éternelle des esprits humains vers l'Orient, vers le Foyer [45].

Le Nuage d'inconnaissance, un classique anonyme de la littérature spirituelle (datant probablement de la seconde moitié du XIVe siècle), évoque l'une des étapes du voyages comme une « conscience absolue de votre propre existence ». C'est une constatation « touchée par la tristesse existentielle la plus profonde », écrit un moine du XXe siècle, car on appréhende pour la première fois la véritable signification de notre séparation fondamentale de l'Esprit, cette dualité qui marque notre expérience humaine. C'est en transcendant cette tristesse existentielle pour accéder à l'essence de l'être dans la plénitude de sa joie sans limite que l'on touche au cœur du voyage intérieur.

Les pages qui suivent veulent être une vision furtive des paysages sacrés dans leur nature pratique, visionnaire, extatique, éclairante, transcendante, cérémonielle ou intrigante. Cette chrestomathie exprime l'émerveillement que l'on éprouve en face de tout cela. Les témoignages évocateurs de ce livre soulignent les liens naturels et sacrés entre les diverses cultures du monde pour mieux révéler les lois spirituelles de notre planète et le caractère sacramental de l'univers.

Il y a cinq ans, j'ai découvert dans un journal ésotérique une photographie enchanteresse et je l'ai mise de côté, mue par l'intuition qu'un jour je chercherais à rencontrer son auteur. Quelque temps plus tard, alors que ces *Cathédrales de l'Esprit* commençaient à prendre forme, je me suis mise à la recherche d'Eliot Bowen, le photographe. C'est une quête qui a duré quatre mois, qui m'a contrainte à remonter une piste d'anciennes adresses, à batailler avec des bureaux de poste et à mobiliser tout un arsenal légal. J'ai quand même fini par le localiser et, apprenant qu'il avait d'autres photographies, je me suis rendue dans l'État de Washington pour le rencontrer. Ensemble, nous avons décidé d'explorer la forêt de Hoh, sur les versants de la chaîne côtière du nord-ouest du Pacifique. Là, nous avons fait provision d'autres images pour ce livre.

Ce qui m'attirait dans les photos d'Eliot Bowen, c'était la séduction de leur caractère anthropomorphe et zoomorphe : sa faculté de reconnaître et d'évoquer des formes humaines et animales dans la nature, particulièrement dans les arbres et les mégalithes. On retrouve ce genre de configuration dans de nombreux paysages chargés de mythes partout dans le monde, mais il faut pour les discerner un œil qui soit sensible à cette atmosphère mythologique. La compréhension du symbolisme de ces expressions métaphysiques de la nature passe par une prise de conscience qui exige une grande profondeur d'esprit. C'est cette profondeur qui s'exprime par les voix réunies dans ce livre et c'est à elle qu'elles s'adressent. Cette manière d'être se manifeste dans nombre de traditions anciennes. Au cœur de la vie des aborigènes australiens, par exemple, il y a pour la terre une compassion sans bornes et une affection exubérante qui animent sa présence vivante et lui restituent le pouvoir vital de son éternelle étreinte. Nosepeg, un vieux sage Pintupi d'Australie centrale, explique ainsi qu'un affleurement de blocs de pierre est en fait bien plus que de simples rochers. « Ce sont », dit-il, « un vieil homme et ses nombreuses femmes qui se sont blottis les uns contre les autres pour se protéger du vent froid qui souffle du sud [46]. » Chaque atome de leur paysage sacré est habité par quelque ancêtre, et l'on y sent son pouvoir de fertilité.

Les « visages » usés par le temps et les intempéries, les formes humaines et animales qui émergent des arbres et des pierres dans les photographies d'Eliot pourraient très bien être des esprits et des divinités qui se manifestent, suggère le photographe. Parfois, au fin fond de la forêt, du désert, dans l'un ou l'autre site ancien, il a senti leur présence. Si nous pouvons aujourd'hui encore voir les visages et les silhouettes, imaginez de quoi ils avaient l'air avant de subir les outrages du temps !

Ce qui m'attirait encore dans le travail d'Eliot c'est une touche de mystère – qui est en fait l'élément le plus suggestif de ses œuvres – produite en grande partie par l'usage novateur qu'il fait du film infrarouge.

Les ondes lumineuses les plus courtes que l'œil humain puisse percevoir sont celles qui apparaissent comme la couleur violette, explique-t-il. Juste après, ce sont les rayons ultraviolets, que nous ne pouvons voir. À l'autre extrémité du spectre visible, les ondes les plus longues qu'un individu puisse discerner sont celles de la lumière rouge. Et les rayons invisibles dont la fréquence est immédiatement inférieure à celle du rouge sont appelés infrarouges. S'il ne nous est pas possible de percevoir les infrarouges avec nos yeux, nous en sentons en revanche la chaleur sur notre peau. Il existe des films spéciaux qui sont sensibles à cette partie invisible du spectre lumineux.

« Les photographies à l'infrarouge sont souvent décrites comme ayant un aspect onirique ou surréaliste en raison des effets combinés des halos et de l'altération des tons qui leur donnent cette apparence si particulière », dit Eliot. « La peau humaine et la surface des feuilles semblent parfois avoir une brillance surnaturelle, presque comme si elles émettaient de la lumière au lieu de la refléter simplement. Pour moi, il est intéressant que les images à l'infrarouge soient perçues comme oniriques puisque le monde des rêves et des visions se situe en un sens juste sous le spectre visible de nos sensations à l'état de veille [47]. »

L'un des aspects du film infrarouge qui séduit le plus Eliot c'est son imprévisibilité et sa capacité de révéler un autre plan du réel... un plan qu'il ne voit pas. « Avant le tirage, je ne sais jamais vraiment de quoi mes photos auront l'air, dit-il.

L'aspect onirique et mystérieux des photos à l'infrarouge s'associe parfois au mystère qui entoure l'apparence qu'elles auront une fois développées. »

Ce qu'Eliot cherche à mettre en évidence dans ses photographies, ce sont les couches d'information qui révèlent les formes et les contours qu'il voit dans la nature « ... et que d'autres ne remarquent pas souvent ». Dans cette optique, la couleur devient selon lui un élément perturbateur. C'est pourquoi il préfère employer des films noir et blanc, le plus souvent sensibles à l'infrarouge.

La passion de photographier des arbres et des rocs s'est très tôt emparée d'Eliot. Les visages de la nature réapparaissaient spontanément dans son œuvre, avec une fréquence qui s'accrut en même temps que son sentiment d'une « omniprésence de la conscience dans le monde naturel ».

De nombreuses photographies d'arbres prises par Eliot se focalisent sur la base du tronc. « C'est », pense-t-il, « la partie de l'arbre qui semble le plus souvent en révéler le caractère distinctif. La longue lutte d'un arbre pour survivre dans l'environnement qu'il s'est choisi est inscrite dans les crevasses, les cicatrices et les contorsions de l'écorce à sa base, de la même façon que les rides, les marques, les plis et les cicatrices sur le visage d'une personne racontent les joies et les peines d'une vie humaine. »

L'élan spirituel et fantasque qui anime le travail d'Eliot est particulièrement fascinant. Son approche inspirée de la photographie du monde naturel parvient à ébranler les modes d'observation ordinaires et à créer ce que Susan Sontag a appelé quelque part « une autre manière de voir ». Peut-être les paysages, les arbres et les pierres ne sont-ils plus jamais tout à fait pareils quand on a découvert ses photographies.

Les images reprises dans ce livre proviennent d'Amérique centrale, d'Europe et d'Amérique du Nord. Les photos ont été prises au cours des sept dernières années. Les sujets représentés vont des immenses séquoias du nord de la Californie – « les yogis de la forêt », comme on les a appelés – et des impressionnants arbres « totems » de la forêt tropicale de Belize, en Amérique centrale, aux grands sites mégalithiques de Stonehenge et Avebury en Angleterre, en passant par les mystérieuses pierres levées et les rochers en équilibre de l'Utah et de l'Oregon. Les propriétés bénéfiques, divinatoires et fécondatrices des pierres et des bois sacrés remontent à la nuit des temps. Ces forces et ces vertus s'expriment symboliquement dans nombre des photographies réunies dans cet ouvrage.

Cathédrales d'arbres

Des rives bordées de saules verts,
  des herbes odorantes :
Un lieu qui ne soit pas sacré ?
  Où ?

Paroles des Maîtres [1].

Quand un homme plante un arbre, il se plante lui-même.

John Muir (1838-1914),
naturaliste et défenseur des sites naturels [2].

Femme couchée

Le poète et écrivain australien James Cowan revient sur « le terrain métaphysique » de l'Australie aborigène, qu'il avait visité plus de dix ans auparavant avec ses amis aborigènes. En recourant au style épistolaire pour raconter son voyage dans l'« entremonde » de la nature sauvage australienne, Cowan brosse un portrait intime d'un univers grandiose où, dans l'infinité des dimensions, la révélation du sacré se manifeste.

LAISSEZ-MOI VOUS PARLER D'UN ARBRE sous lequel j'ai dormi la nuit dernière. Le baobab ne ressemble à aucun autre. Imprésario trapu, bulbeux, au tronc lisse, avec une propension à accumuler l'eau pendant les mois secs, cet arbre laisse tomber des fruits à la peau veloutée gros comme le poing. S'éveiller le matin à la vue de ces petits hémisphères qui jonchent la terre, c'est découvrir qu'on a été visité par les esprits Mimi. Ces fruits sont leurs babioles, et la semence à l'intérieur est un écho qui suggère une fécondité pas toujours visible.

Les esprits Mimi, dites-vous ? Eh bien, comment décrire autrement la visite de ce qui est éternel ? Le baobab, après tout, est un lingam géant, un phallus rempli de substance séminale. Quand je m'appuie contre son tronc galbé, il m'est facile de regarder ces fruits comme les jouets des esprits. Plus d'une fois je les ai vus sur les murs des grottes, dans les bras des effigies Mimi, gourdes ocres qui, une fois vidées, deviennent de parfaits récipients. Ainsi un homme ou un esprit peut entreprendre son long voyage en quête des vérités, assuré de ne pas mourir de soif dans sa poursuite de la connaissance.

Est-ce possible ? Mon ami, Idumdum, semble le croire. Il a souvent marché sur les traces de ses aïeux dans sa vie, espérant rencontrer leur présence qui s'attarde parmi les rochers et les grottes de la région. Quand il m'a demandé de l'accompagner une saison pour visiter son pays, j'ai su qu'il voulait m'octroyer le privilège d'une connivence. Voyez-vous, Idumdum a reconnu en moi un porteur d'eau comme lui-même. Nous sommes des créatures du baobab, des disséminateurs, des hommes qui aspirent à révéler quelque chose de plus que le temporel dans ce que nous avons vu et vécu.

Ce dont je veux parler à présent c'est du Voyage Onirique. Idumdum m'a rejoint pour une excursion dans l'*alcheringa* (le temps éternel). Une grande part de ce que nous avons vu jusqu'ici possède cette qualité révélatrice qui convient à l'idée que nous avons en un sens quitté la terre... Son pays, je l'ai vite compris, n'était rien d'autre qu'un *univers spirituel* renfermant des images d'une suprême importance pour son bien-être...

Idumdum et ses amis regardent la terre, leur pays, comme une image céleste. Ils sont remplis d'amour pour ses nombreuses catégories de sacré. Car elles possèdent leur âme et transforment leur habitat en une iconographie idéale [3].

L'appel des pierres

Il n'avait que neuf ans quand il renonça au monde pour rejoindre la fraternité errante des moines jains en Inde. À l'âge de dix-huit ans, Satish Kumar, écrivain, pèlerin et pacifiste, fut détourné de son chemin par une voix intérieure et se mit à militer pour la réforme agraire dans une Inde nouvelle. En 1973, il s'établit en Angleterre : « Une tradition indienne veut que l'on parte en pèlerinage quand on a cinquante ans », écrit Kumar. C'est pourquoi, pendant l'été 1986, il partit à pied pour visiter les lieux sacrés de Grande-Bretagne : Glastonbury, Canterbury, Lindisfarne et Iona. Dans son autobiographie, *No Destination*, il évoque cette remarquable progression continue, commencée dans son enfance, qui est peu à peu devenue le moteur de son odyssée intérieure dans sa maturité. Le passage suivant rapporte la découverte par Kumar de la sagesse qui habite un arbre.

LES ÉGLISES, LES CATHÉDRALES, LES MOSQUÉES et les synagogues, les chapelles et les temples ne sont pas les seuls lieux saints. La création tout entière est divine et sacrée. Mon pèlerinage est en chaque instant, en chaque lieu.

Il m'est arrivé de rencontrer un arbre qui paraissait semblable à un Bouddha ou à un Jésus : aimant, compatissant, tranquille, sans ambitions, illuminé dans une méditation éternelle, donnant le plaisir au pèlerin, l'ombre à la vache, les fruits à l'oiseau, la beauté aux alentours, la santé à ses voisins, des branches pour le feu, des feuilles pour le sol, sans rien demander en retour, en harmonie totale avec le vent et la pluie. Il y a tant à apprendre d'un arbre ! L'arbre est mon église, l'arbre est mon temple, l'arbre est mon mantra, l'arbre est mon poème et ma prière.

C'est sous un arbre près de la Gapping River que j'ai compris que la loi de la nature est de créer l'énergie et la vie à travers l'union. Une semence unie au sol engendre l'arbre ; l'eau unie à la terre produit les récoltes. Quand l'homme et la femme sont unis dans l'amour, ils créent un enfant. Partout où il y a union, une énergie sacrée et positive est engendrée [4].

Le pèlerinage de mille deux cents kilomètres effectué par Matsuo Bashō à travers quelques-unes des contrées les plus rudes du Japon a donné naissance à un journal intitulé La Sente étroite du Bout-du-Monde. Bashō y rapporte les événements de l'année 1689 alors qu'il se rendait dans la partie nord d'Honshu. L'œuvre abonde en portraits pris sur le vif et est tout entière imprégnée par la géographie d'une nature inapprivoisée. Bashō, qui se décrit modestement dans son journal comme un « misérable pèlerin » n'en est pas moins un observateur pénétrant et inspiré de tout ce qui s'offre à son regard, tel cet « arbre saint » aux abords de Shirakawa.

À L'OMBRE D'UN GRAND MARRONNIER près de cette ville relais, un moine bouddhiste menait une vie retirée. Cela semblait en vérité une vie bien tranquille, comme celle d'un ancien poète et ermite qui ramassait des marrons d'Inde au cœur des montagnes. J'ai noté sur un bout de papier : « L'idéogramme chinois désignant le marron se compose de deux lettres qui signifient respectivement Ouest et Arbre. C'est pourquoi l'on raconte que le Bodhisattva Gyoki avait associé le marronnier au Paradis de l'Ouest (la direction de la terre sacrée) et se servait de son bois pour s'en faire aussi bien une canne que les piliers de sa maison [5]. »

Ce que je sais des sciences divines et des Saintes Écritures, je l'ai appris dans les bois et dans les champs. Je n'ai pas d'autre maître que les hêtres et les chênes.

Saint Bernard de Clairvaux (1091-1153),
bénédictin contemplatif, visionnaire et épistolier [6].

.rbre qui court

Le révérend Dr Trusler, un pasteur excentrique, avait commandé un dessin au poète, artiste et mystique anglais William Blake. Il le détesta au premier regard. « Votre fantaisie, écrit-il à Blake, paraît être dans l'autre monde, ou le Monde des Esprits, ce qui ne s'accorde pas avec mes intentions [7]. » Sans se laisser démonter, Blake répondit (le 26 août 1799) pour définir l'esprit qui animait son œuvre : « L'Imagination ou la Sensation spirituelle », comme il l'appelait.

L'ARBRE QUI ÉMEUT CERTAINS au point de leur faire verser des larmes de joie n'est aux yeux d'autres qu'une chose verte dans le chemin. Certains ne voient dans la nature que ridicule et difformité, et je refuse d'y soumettre mes proportions ; certains autres voient à peine la nature. Mais aux yeux de l'homme d'imagination, la nature est elle-même imagination. Ainsi est l'homme, ainsi il voit. Ainsi l'œil est formé, ainsi sont ses pouvoirs. Vous faites certainement erreur quand vous dites que les visions de fantaisie ne sont pas de ce monde. Pour moi, ce monde est constamment et tout entier une vision de fantaisie ou d'imagination [8]...

Enfant, le poète et essayiste grec Georges Séféris (1900-1971), lauréat du prix Nobel de littérature en 1963, vivait dans un monde peuplé d'arbres qui lui « souriaient ». Les arbres peuplaient tous ses rêves d'enfant. Quand il se mit à grandir, les troncs des arbres ont joué un rôle essentiel dans son accession à l'âge adulte. Leurs racines le « tourmentaient quand, dans la chaleur de l'hiver, elles venaient s'enrouler autour de (son) corps ». Le poète confie tranquillement : « C'est ainsi que j'ai appris à connaître mon corps. » Les arbres ont permis à Séféris de se découvrir lui-même.

Leur influence a persisté. Tout au long de sa vie d'adulte Séféris a recherché la puissance régénératrice de ses maîtres végétaux.

JE CONNAIS UN PIN qui se penche près de la mer. À midi il dispense au corps fatigué une ombre mesurée comme notre vie, et le soir le vent qui souffle dans ses aiguilles entonne un curieux chant qui ressemble à celui des âmes quand elles en finissent avec la mort, juste au moment où elles redeviennent peau et lèvres. Il m'est arrivé une fois de passer toute la nuit éveillé sous cet arbre. À l'aube j'étais neuf, comme si je sortais de terre [9].

Au commencement étaient les eaux. La matière se préparait. Le soleil se mit à briller. Et un lotus s'ouvrit lentement, tenant l'univers sur son péricarpe doré.

MYTHE INDIEN DE LA CRÉATION [10].

Trois mille ans avant Jésus-Christ déjà, les plantes étaient considérées comme « la demeure des esprits divins dotés de pouvoirs bénéfiques pour l'humanité [11] », explique l'écrivain indien Naveen Patnaik. Les sages les plus illustres dispensaient leur enseignement dans la forêt, « se servant sans cesse des plantes pour inculquer à leurs disciples les concepts de la continuité spirituelle, car la forêt incarne la régénération sans fin de la vie, ou ce que l'on appellerait aujourd'hui un écosystème qui se suffit à lui-même [12] ». En Inde les plantes sont honorées comme des sources d'illumination et des métaphores de l'élévation de l'esprit. Le lotus, l'idéal de la symétrie et du sacré, symbolise l'absence d'attachement.

DANS L'IMAGINATION INDIENNE, cette belle fleur aquatique est associée à la divinité. Un texte hindou du haut Moyen Âge décrit une déesse en ces termes :

> Mince comme une fibre de lotus,
> Les yeux en forme de lotus,
> Dans la posture du lotus,
> Ses pieds-lotus saupoudrés de pollen,
> Elle vit
> Dans le lotus pendant du cœur.

De manière plus révélatrice encore, le lotus est un symbole d'illumination. Montant vers le soleil, sans être altéré par l'eau argileuse dans laquelle il croît, le lotus est utilisé par les philosophes indiens comme une métaphore de l'âme – une illustration de la porte qui s'ouvre, à l'arrière, sur les eaux de la naissance ou, à l'avant, sur la révélation.

Le lotus est un élément central pour les praticiens du *kundalini* yoga qui croient que la *kundalini*, une puissante énergie occulte lovée au fond de l'homme comme un serpent endormi, peut être réveillée par la pratique du yoga et la méditation. Le serpent de la sagesse commence alors son ascension, « mince comme une fibre de lotus », passant par une succession de centres psychiques décrits comme des « chakras-lotus » jusqu'à ce qu'il atteigne le dernier chakra, le plus élevé, qui s'épanouit comme « le lotus aux mille pétales de la compréhension », révélant la splendeur du Soi comme une flamme universelle qu'aucun souffle n'a jamais troublée.

Il semble d'ailleurs que les propriétés médicinales du lotus favorisent la concentration et la science ayurvédique en extrait des remèdes qui sont antiallergiques, antispasmodiques et astringents. La beauté du lotus est en elle-même considérée comme un remède [13].

Ent

Le frère Laurent, mystique français du XVIIIe siècle, rattache sa première perception de la réalité de Dieu à l'âge de dix-huit ans à la vue d'un arbre dans lequel il découvrit l'arbre du créateur. Ses lettres, ses maximes spirituelles et ses conversations ont été publiées après sa mort en 1691. Le mémorialiste « anonyme » qui a mis par écrit ses conversations, M. Beaufort, rapporte ce que le frère Laurent lui avait dit :

DE VOIR EN HIVER UN ARBRE dépouillé de ses feuilles et de songer qu'en peu de temps les feuilles seraient renouvelées et qu'ensuite les fleurs et les fruits apparaîtraient, il reçut une vision élevée de la providence et du pouvoir de Dieu qui ne s'est jamais depuis effacée de son âme. Cette vision l'a parfaitement libéré du monde et a suscité en lui un tel amour de Dieu qu'il ne pouvait dire si cet amour s'était accru au cours des quarante années qu'il avait vécues depuis [14].

Laurens van der Post (1906), explorateur, conseiller politique, journaliste, soldat, fermier, écrivain distingué et chroniqueur éloquent de la vie dans l'Afrique du Sud moderne, a passé toute son enfance parmi les Boshimans, les Bantous et les Hottentots près de la ferme de son père afrikaner (les « Afrikaners » sont les descendants des colons hollandais du XVIIe siècle). « Ma propre histoire commence avec les histoires boshimanes », a-t-il rapporté dans une interview vers la fin de sa vie. « J'avais une nourrice, Klara, qui était une boshimane, une personne de l'Âge de Pierre. Son visage est le premier visage humain que je me rappelle avoir vu... C'était l'un des visages qui a le plus compté pour moi. Rien que d'en parler, je suis rempli d'une émotion incroyable [15]. » L'instruction de van der Post a commencé avec les mythes, les légendes et les histoires que racontaient ses amis d'enfance africains et sa nourrice boshimane. « Ma véritable éducation est venue des histoires », a-t-il un jour déclaré. Ses romans reflètent cette profonde influence qui devait lui rappeler continuellement que « la configuration maîtresse qui œuvre en moi, l'aimant qui conditionne le champ de toutes mes réactions, est africain [16] ».

Dans un de ses livres qui fait figure de classique, *A Far-Off Place*, van der Post révèle toute la profondeur de ses racines sud-africaines. Un jeune garçon rencontrant une troupe de sept lions psalmodie les enseignements qu'il a reçus d'un ancien sur les coutumes du bush et son caractère sacré. Les paroles du vieil homme lui reviennent lorsqu'il se trouve contraint de se soumettre au rythme qui régit la vie du bush.

RAPPELLE-TOI TOUJOURS, PETIT COUSIN, qu'aussi terrible ou insignifiante, aussi laide ou aussi belle qu'elle te paraisse, chaque chose dans le bush a le droit d'être là. Nul ne peut contester ce droit à moins d'y être forcé par quelque nécessité de la vie elle-même. Chaque chose a sa propre dignité, aussi absurde qu'elle puisse te paraître, et nous sommes tous tenus de la reconnaître et de la respecter comme nous voulons que la nôtre soit reconnue et respectée. La vie dans le bush est une nécessité, et elle comprend toutes les formes de nécessité. Elle pardonnera toujours ce qui lui est imposé par nécessité, mais elle ne comprendra et n'acceptera jamais rien de moins que la nécessité. Et rappelle-toi que, partout, elle a ses propres observateurs qui surveillent si la loi de la nécessité est respectée. Tu peux souvent penser qu'au fond des ténèbres et de la densité du bush tu es seul et inaperçu, mais ce serait une illusion des plus dangereuses, petit cousin. On n'est jamais seul dans le bush. On n'est jamais inobservé. On est toujours connu. C'est vrai qu'il y a de nombreux endroits du bush où aucun œil humain ne pourrait pénétrer, mais il y a toujours, comme quelque espion de Dieu lui-même, un œil sur toi, même si ce n'est que celui d'un animal, d'un oiseau, d'un reptile ou d'un petit insecte qui note à sa manière dans le livre de la vie comment tu te comportes.

Et outre les yeux – ne les sous-estime pas – il y a les vrilles des plantes, les herbes, les feuilles des arbres et les racines qui conduisent la chaleur du soleil au plus profond des recoins sombres et froids de la terre pour les ramener à une vie nouvelle. Elles aussi tremblent sous le choc de nos pieds et vibrent à l'unisson de notre pas, et je suis certain qu'elles ont leur manière à elles d'enregistrer ce que nous apportons ou ce que nous prenons à la vie qu'elles abritent. Souvent, en voyant frémir soudain un brin d'herbe à mon approche ou trembler les feuilles des arbres par un jour sans vent, j'ai pensé qu'ils doivent eux aussi avoir un cœur qui bat en eux et que ma venue a suscité une appréhension qui a précipité leur pouls au point que je puisse remarquer l'alarme vibrant dans leur poignet délicat et dans leurs hautes tempes translucides. Souvent, en entendant un oiseau interrompre soudain son chant, un scarabée ou un criquet cesser de striduler, à cause de ma présence, je me suis senti comme un intrus troublant quelque concert dans une chambre privée de notre royal environnement, et je suis resté réprouvé, pour m'être montré si grossier et si peu attentif à mes manières [17].

Gardiens de pierre en marche

Le peintre paysagiste chinois Shih Lu (1919-1982) était un dissident qui a fui la persécution dans la nature sauvage. Dans sa représentation de pins sur une montagne sacrée de Chine, il exprime son admiration pour l'esprit de la Nature et sa défiance envers la tyrannie. Le poème qui accompagne le tableau révèle une identification intime à ces arbres qui lui tiennent lieu de modèles.

J'AIME LES PINS du mont Hua,
Grands, nobles, solennels et dignes.
Leurs troncs dressés rivalisent avec le soleil et la lune.
Résistant aux vents froids au fil des années,
Ils secouent leurs bras sur les sommets qui égratignent le ciel
Et portent haut la tête, comme des dragons bleus.
Ils soutiennent éternellement les nuages,
Sans fuir vers les cieux [18].

Poussé par ses rêve et ses visions, l'ancien soldat et défenseur de la cause des arbres, Allen Meredith a mené une croisade solitaire en Grande-Bretagne pendant plus de quinze ans pour la préservation de l'if préhistorique, révéré mais aujourd'hui oublié et menacé. Ce qui fait de l'if, « l'arbre immortel », dit Meredith, c'est son « pouvoir de régénération (qui) est demeuré évident pendant des milliers d'années pour les anciens peuples ». Meredith affirme que l'if est « le veilleur », le « gardien de la planète ». Il a fait à bicyclette la tournée des quelques centaines d'arbres qui subsistent et ses investigations scientifiques solitaires ont convaincu d'éminents botanistes que l'if est en effet un arbre très ancien, vieux de milliers d'années probablement. Meredith se consacre à expliquer et à faire reconnaître son importance pour la vitalité de l'esprit humain.

L'IF EST LA CHOSE LA PLUS SACRÉE sur cette terre ; il est ici pour une raison très spéciale. Si nous ne comprenons pas pourquoi l'if est ici, je ne pense pas que nous survivrons. Ce que je redoutais plus que tout, c'était de quitter cette planète sans avoir expliqué aux gens que les ifs sont la plus importante de toutes les espèces sur terre... y compris l'espèce humaine.

L'if est une partie de chacun de nous. En un sens, nous descendons de l'if. C'est manifestement une divinité ; les hommes du néolithique l'avaient compris. Génération après génération, nous avons vu ces arbres continuer à vivre ; c'est pourquoi l'ancien if est si important [19].

En 1913 Rabindranāth Tagore (1861-1941) devint le premier Asiatique à recevoir le prix Nobel de littérature. Né à Calcutta, quatorzième enfant d'une riche famille bengali du nord-est de l'Inde, Tagore est l'auteur d'une centaine de livres en vers dont le célèbre *Gītāñjali* (*L'Offrande lyrique*) – cent trois courts poèmes sur l'amour de Dieu –, d'une cinquantaine de pièces de théâtre, de nombreux romans, nouvelles et essais. C'était aussi un grand voyageur, un peintre, un compositeur, un acteur, un observateur critique des relations internationales et une grande présence spirituelle. Fait chevalier en 1915, il a rejeté ce titre après un massacre commis par l'armée britannique à Amritsar en 1919. Tagore croyait en l'unité fondamentale de toutes les grandes vérités spirituelles. Il a écrit un jour : « Le grand Gange ne doit pas hésiter à déclarer sa similarité essentielle avec le Nil d'Égypte ou le Yangtse-Kiang de Chine [20]. » Il a passé sa vie à observer de près l'expérience humaine et sa relation avec le divin, une exploration qui a commencé dès le plus jeune âge dans son propre jardin.

NOUS AVIONS UN PETIT JARDIN à côté de notre maison ; pour moi c'était comme un royaume des fées où survenaient chaque jour des miracles de beauté. Tous les matins, très tôt, je sortais de mon lit pour saluer la première lueur rose de l'aube filtrant à travers les feuilles tremblantes des cocotiers qui bordaient le jardin. Les gouttes de rosée scintillaient dans l'herbe qui frémissait sous la brise matinale. Le ciel semblait venir me tenir compagnie, et mon corps tout entier buvait la lumière et la paix de ces heures silencieuses. J'avais grand soin de ne jamais manquer un seul matin, car chacun était plus précieux pour moi que l'or pour l'avare.

J'avais reçu comme une grâce ce sens du merveilleux qui donne à un enfant le droit de pénétrer le trésor du mystère au cœur de l'existence. J'ai négligé mes études parce qu'elles m'éloignaient de mon ami et compagnon, le monde autour de moi ; et quand j'avais treize ans je me suis libéré des griffes d'un système éducatif qui cherchait à m'emprisonner dans ses leçons.

Peut-être cela expliquera-t-il le sens de ma religion. Le monde était vivant, intimement proche de ma vie. Je me rappelle encore ma répulsion quand un étudiant en médecine m'apporta un morceau de trachée humaine et chercha à susciter mon admiration pour sa structure. Il voulait me convaincre que c'était là la source de la belle voix humaine, mais j'ai rejeté cette information avec dégoût. Je n'admire pas l'adresse de l'artisan, mais bien l'artiste qui a su dissimuler la machinerie pour révéler sa création unifiée [21].

Arbre esprit

Il est hors de vue, mais je colle mon oreille contre un arbre dans la forêt, et cela m'apporte le son, et j'entends ainsi bondir l'orignal et je le suis... Je le suis toujours, écoutant de temps en temps, l'oreille contre un arbre.

BEDAGI (GRAND TONNERRE),
WABANAKI, VERS 1907 [22].

La prophétesse du XIIe siècle Hildegarde de Bingen, que ses contemporains appelaient « la Sibylle du Rhin », fondatrice et première abbesse du couvent bénédictin de Bingen en Rhénanie, a mené une vie fascinante et extraordinairement active jusqu'à sa mort, à l'âge de quatre-vingt-un an. Issue de l'aristocratie allemande et élevée dans un couvent, Hildegarde a laissé une œuvre écrite – sans parler de ses talents de musicienne et de peintre – d'autant plus remarquable qu'elle n'avait jamais pris la plume avant sa quarante-troisième année. Elle comprend une trilogie colossale recouvrant l'éthique, la cosmologie et la doctrine de l'église, deux ouvrages scientifiques de caractère encyclopédique sur la médecine et les sciences naturelles, des centaines de lettres à des personnes de tous les milieux, deux hagiographies, soixante-dix chants liturgiques et un drame qui constitue la première moralité connue de l'histoire littéraire [23].

Les *Scivias* (abréviation de *Scito vias Domini*, « Connais les voies du Seigneur ») forment la première œuvre visionnaire d'Hildegarde. Écrit sur une période de plus de dix années (1141-51), le manuscrit a été approuvé par le pape Eugène III, assurant à Hildegarde et à son œuvre une reconnaissance immédiate. Les *Scivias* sont aujourd'hui considérées comme une importante somme médiévale. Elles se composent de vingt-six visions réparties en trois « livres » qui ouvrent d'innombrables perspectives sur la doctrine chrétienne et explorent des thèmes aussi divers que la nature du ciel et de la terre, les sacrements, les principes moraux et la relation entre le microcosme et le macrocosme. Le plus ancien manuscrit qui ait été conservé (1165) est enluminé de trente-cinq miniatures saisissantes et accompagné de poèmes ainsi que d'une courte pièce. La description de la nature de l'âme reprise ci-après est tirée du Livre Un.

L'ÂME DANS LE CORPS est comme la sève dans l'arbre, et les pouvoirs de l'âme sont comme la forme de l'arbre. Comment ? L'intellect dans l'âme est comme le feuillage de l'arbre, la volonté comme ses fleurs, l'esprit comme les prémices des fruits, la raison comme le fruit mûr et les sens comme sa taille et son contour. Et ainsi le corps d'une personne est fortifié et soutenu par l'âme. Aussi, ô humain, comprends ce que tu es dans ton âme [24]...

Le vieil homme du Hoh

On raconte qu'un vieil homme vivait en Syrie sur la piste du désert. Son travail était celui-ci : chaque fois qu'un moine arrivait du désert, il lui donnait à boire avec tout son cœur. Un jour vint un anachorète à qui il donna à boire, mais l'autre ne voulut pas l'accepter, disant qu'il jeûnait. Empli de tristesse, le vieil homme lui dit : « Ne dédaigne pas ton serviteur, je t'en supplie ; ne me méprise pas, mais prions. Regarde cet arbre qui est là ; nous suivrons la voie de celui de nous qui le fera se courber quand il s'agenouillera pour prier. » Alors l'anachorète s'agenouilla pour prier, et rien ne se passa. Puis l'hôte s'agenouilla et aussitôt l'arbre s'inclina vers lui. Instruits par cela, ils rendirent grâce à Dieu.

La sagesse des Pères du désert [25].

Dans son autobiographie qui raconte l'histoire de son peuple, les Indiens Stoneys, natifs de la région de la Saskatchewan, dans ce que l'on appelle aujourd'hui l'Alberta du Sud, au Canada, le chef John Snow rapporte que son grand-père, Walking Buffalo, suggérait que les gens prennent exemple sur leurs frères et sœurs les arbres.

MON GRAND-PÈRE M'A DIT un jour de regarder la magnifique forêt où les arbres, les fourrés et les minuscules plantes poussaient dans une harmonieuse variété. Il m'a montré comment certains arbres s'élevaient hauts et droits pour abriter les plus petits et les difformes ; comment les fleurs délicates se blottissaient dans l'herbe au pied des arbres pour y saisir les rayons du soleil, comme si les arbres se penchaient de côté pour laisser la lumière leur donner vie. Il m'a parlé des arbres rouges et des arbres blancs et des arbres noirs, formant chacun dans leur diversité un élément d'un splendide dessin. Il m'a montré comment chacun se tenait fier et droit à sa manière pour honorer le Créateur, le Grand Esprit. C'est la diversité des plantes et des arbres qui compose une belle forêt. Pourquoi la forêt est-elle belle ? Parce qu'elle croît selon le plan du Créateur. Si l'espèce humaine pouvait aussi se tenir humblement aux pieds du Créateur, l'humanité aurait sa part dans l'harmonie qu'est la Création [26].

Dans l'hiver 1680, un des disciples du pèlerin poète, maître du haïku, Matsuo Bashō (1644-1694), lui montra le tronc d'un arbre Bashō (une espèce de bananier). Bashō développa aussitôt un attachement particulier pour cet arbre. Sa demeure fut bientôt appelée le Bashō (« bananier »), et peu de temps après, maître Bashō accepta son nouveau nom et le garda jusqu'à sa mort. Lui-même ne cachait d'ailleurs pas ses sentiments pour cet arbre, son ami et son esprit accompagnateur.

LES FEUILLES DU BASHŌ sont assez grandes pour recouvrir une harpe. Quand elles sont brisées par le vent, elles me font penser à l'aile blessée d'un phœnix, et quand elles sont déchirées, elles évoquent un éventail vert lacéré par le vent. L'arbre porte des fleurs, mais à la différence des autres fleurs, elles n'ont rien de joyeux dans leur aspect. Son grand tronc est épargné par la hache, car il est dépourvu de tout intérêt comme bois de construction. Cependant, j'aime cet arbre pour son inutilité même... Je m'assieds en dessous et je jouis du vent et de la pluie qui battent contre lui [27].

Éveil d'arbre

Nous avons vu, vous et moi, les riantes sirènes des arbres. Nous avons eu de la chance, car on dit qu'on les voit rarement, si tant est qu'on les voie, que jamais elles ne s'aventurent au-delà de la forêt de pins et de cèdres, et qu'elles restent dans l'ombre des fourrés. On dit que ces femmes que vous avez vues ne peuvent penser par elles-mêmes, car leurs esprits ne leur appartiennent pas. On dit que les femmes que vous avez vues de vos yeux traversent la vie sans autre but que de folâtrer, de s'amuser et de rire. On dit que les jeunes qui succombent et se laissent entraîner dans leur camp ne reviennent pas chez eux, mais restent avec les créatures qui ne pensent pas et ne peuvent distinguer le bien du mal. On dit que, si au cours de vos promenades, vous entendez ce rire dans le bois derrière un arbre, ne vous attardez pas ; faites demi-tour et partez de l'autre côté. On dit que c'est difficile quand on est jeune.

« La rieuse derrière les arbres »
de la cérémonie *Tloo-qwah-nah*,
racontée par George Clutesi,
écrivain et artiste Nootka [28].

Quand sa famille alla s'installer dans une communauté d'exploitants forestiers en Oregon au début du siècle, Opal Whitely (1897) a tenu entre six et neuf ans un journal qui parle de son nouveau foyer... de la forêt et de son mode de vie. Ce journal, *The Story of Opal : The Story of an Understanding Heart* fut publié en 1920 et fit beaucoup de bruit. On parla de supercherie car on doutait qu'une petite fille ait pu l'écrire. Le passage suivant tiré de ses mémoires d'enfance évoque une relation intime et limpide d'Opal avec ses véritables origines.

J'AIME TANT LES ARBRES. Je pense parfois que j'ai été un arbre qui pousse dans la forêt. À présent tous les arbres sont mes frères...

Presque tous les jours, je danse. Je danse avec les feuilles et l'herbe. Je sens des frissons qui vont de mes orteils à mes cheveux. Je me sens comme un oiseau parfois. Alors j'ouvre les bras comme des ailes, et je bondis d'une souche à l'autre jusqu'en bas de la colline. Parfois je suis une libellule voletant juste au-dessus de l'eau. Puis je salue les saules, et ils me saluent. Ils agitent leurs bras, et j'agite le mien. Ils remuent un peu leurs orteils dans l'eau, et je le fais moi aussi. Et chaque fois que nous agitons nos orteils, nous buvons dans nos âmes le chant du ruisseau – ce chant joyeux qu'il murmure toujours. Et le chant de joie chante dans nos cœurs. Comme aujourd'hui [29].

Les textes bouddhiques nous enseignent qu'il y a huit inconvénients à vivre dans une maison : c'est beaucoup de souci pour la construire ; il faut l'entretenir ; quelque noble peut la confisquer ; trop de gens peuvent avoir envie d'y vivre ou de la visiter ; elle ramollit le corps ; elle offre une cachette où commettre des méfaits ; elle suscite l'orgueil de la propriété ; et elle héberge des poux et des punaises.

D'un autre côté, il y a dix avantages à résider sous un arbre : on en trouve facilement ; on en trouve en tout lieu ; le spectacle des feuilles qui tombent nous rappelle la précarité de la vie ; un arbre n'éveille nulle convoitise ; il ne favorise aucun méfait ; on ne le reçoit de personne ; il est habité par de bons esprits ; il ne nécessite aucune clôture ; il est propice à la santé ; il n'entraîne pas d'attachements terrestres.

PUJIMALIYA,
SAGE INDIEN ; UN CANON PALI.

Dans son roman *Comes The Voyager At Last*, un voyage de la conscience mythique à travers le paysage mental du monde africain, le poète, écrivain, enseignant et diplomate ghanéen Kofi Awoonor témoigne du pouvoir symbolique, créateur et unitif du paysage naturel et de son empreinte sur « la structure la plus fondamentale de notre existence ».
Dans la forêt mythique d'Awoonor, les arbres sont des cathédrales de l'esprit. Ce sont des portails qui s'ouvrent sur l'élévation et la reconstruction.

LA NUIT ÉTAIT SUR NOUS quand nous sommes entrés dans la forêt pour y être assaillis par une obscurité impénétrable, épaissie encore par les grands arbres dont le feuillage couvrait nos cieux et les yeux de la voûte céleste. Sous nos pieds fatigués s'étendait un tapis moelleux de feuilles pourrissantes. Une odeur magique d'humus et de décomposition montait de partout.

Nous avons établi notre camp pour la nuit près du premier arbre géant. La nuit était un long gémissement poussé par les arbres lorsque les rafales de vent qui s'engouffraient dans les rares clairières subsistantes les faisaient murmurer. Nous avons grappillé quelques instants épars de sommeil, ponctué par des cauchemars de cris et de propos fantasques. Ç'avait été la même chose à chaque nuit de notre voyage...

Les arbres géants s'élevaient presque jusqu'aux cieux. Leurs troncs hauts et droits étaient de grands temples inquiétants, des pieds en marche qui supportaient les tombeaux et les maisons des dieux et des esprits. Leurs coupoles laissaient de temps à autre tomber des gouttes de rosée et des brindilles. Nombre de plantes grimpantes s'accrochaient à leurs corps comme des chapelets de fidèles. Les lichens et les épiphytes servaient de voies de communication aux écureuils et aux pics à tête de souris voletant d'arbre en arbre. Le Logo, l'arbre sacré, veillait sur la forêt, fredonnant à intervalles légendaires, avec toutes les divinités protectrices, les antiques chants des anciens rites. Partout le chant des oiseaux et l'hymne funèbre pour les jours morts de notre vie, la vie au-dessus et autour, au-dessous, la putréfaction, la décomposition pour nourrir la vie et l'arbre. Les arbres allaient maintenant s'évanouir avec une solennité qui était le signal de détresse dans leurs cieux loin au-dessus de notre tristesse. Ils semblaient par leur nature même avoir été appelés à écouter et partager nos peines profondes, qui oscillaient avec des vagues étourdies en un jubilé mélancolique au cœur de la forêt et de nos âmes [30].

L'Homme vert

Tu es la forêt.

Tu es tous les grands arbres.

Ô Seigneur Blanc Comme Le Jasmin,

emplissant tout et empli de tout.

Pourquoi ne me montres-tu pas ton visage ?

MAHADEVIYAKKA,
HYMNE À SHIVA (XIIe SIÈCLE AVANT J.-C.) [31].

« J'allais dans les bois parce que je souhaitais vivre délibérément, ne me confronter qu'aux faits essentiels de la vie, et voir si je pouvais apprendre ce qu'elle avait à enseigner, pour ne pas découvrir, au moment de mourir, que ne n'avais pas vécu », écrivait Henry David Thoreau dans sa quête d'une vie simple et bonne et des « lois supérieures » de l'existence. Dans un passage de son essai, *Walking*, il entrevoit quelques-unes de ces réalités spirituelles.

LORSQUE JE VEUX ME RECRÉER, je cherche le bois le plus sombre, le marécage le plus dense, le plus interminable et, pour l'homme ordinaire, le plus lugubre. J'entre dans un marécage comme dans un lieu sacré – un *sanctum sanctorum*. Là est la force, la moelle de la Nature. La végétation sauvage recouvre l'humus vierge – et le même sol est bon pour les hommes et pour les arbres [32].

rse

« Je pense à la terre comme au sol d'une cathédrale où l'autel et la Présence sont partout. Ce respect m'est venu quand j'étais enfant en écoutant la voix des oiseaux par un soir coloré d'été, quand soudain les oiseaux, et les arbres, et l'herbe, et l'air tinté, et moi-même, nous semblions unis dans une même humeur ou un même compagnonnage, et j'eus la certitude que le même esprit était en tout [33] », écrivait George William Russell, agriculteur, peintre, poète et mystique irlandais. Grâce aux vertes collines et aux « lieux des roches » dans la campagne qui entoure Dublin, le poète fut amené à découvrir la nature suprême de la Terre elle-même, l'ultime Lieu Sacré :

QUAND J'ÉTAIS ÉTENDUS SUR LA COLLINE DE KILMASHEOGUE... la Terre s'est révélée à moi comme une créature vivante, le roc et l'argile se sont fait transparents pour me donner à voir les êtres les plus beaux et les plus nobles que j'aie jamais connus, et pour m'associer à la mémoire de choses grandioses, d'événements depuis longtemps révolus...

La terre n'est pas du tout ce que supposent les géographes... Parfois, étendu sur le versant de la colline, les yeux du corps fermés comme si je dormais, je pouvais voir des vallées et des collines scintillant comme des pierres précieuses, où tout brillait d'un éclat propre, les couleurs plus vives et plus pures, mais dans une harmonie plus douce que les couleurs du monde que je connais. Les vents scintillaient en soufflant çà et là, mais la vision restait claire sur de longues distances dans cet air lumineux. Ce qui était loin était aussi précis que ce qui était près, et l'envie de voir me propulsait vers ce que je désirais. Là aussi, sur cette terre, j'ai vu des sources qui ressemblaient à des brumes lumineuses fusant de quelque cœur d'énergie cachée, et des silhouettes rayonnantes qui passaient dans ces sources, les inhalaient et aspiraient la vie de cet air magique. C'était, je crois, celles qui dans le monde antique avaient donné naissance aux légendes des nymphes et des dryades. Leur perfection s'apparentait à la perfection d'une fleur, une beauté qui n'avait jamais, semblait-il, été brisée par l'action de la volonté individuelle qui, chez nous, permet de choisir entre le bien et le mal et de ruiner le terreau de la beauté naturelle... Telles furent mes premières visions du surnaturel [34].

George Nakashima (1905), ébéniste japonais de renommée mondiale, pense que chaque arbre adulte est un corps divin, « une conscience de Dieu ». Il a passé sa vie en compagnie des arbres. Son affinité avec eux a commencé dans l'État de Washington, avec les arbres géants dans la vallée de Ho River, quand il se promenait enfant dans les forêts des monts Olympic. Plus tard, au Japon, il rencontra le *keyaki*, un orme oriental vieux de mille deux cents ans, qui renforça encore son émerveillement et « le stimula dans sa recherche de l'origine du noble arbre ». Le prodige réside dans l'existence même des arbres, finit-il par comprendre. Il a toujours attaché la plus grande importance à ses relations personnelles avec « ces imposantes cathédrales de la forêt ».

C'EST PEUT-ÊTRE D'UN ARBRE QUE NOUS VIENT NOTRE CONTACT LE PLUS INTIME avec la nature. Un arbre est comme un avatar, une incarnation de l'immuable, loin au-delà des peines humaines. Il y a des spécimens, comme le *sugi* de Yaku, un type de cèdre japonais, qui en une seule vie ont traversé toute l'histoire de la civilisation. Et ces spécimens étaient déjà des arbres robustes quand Mohenjo-Daro [la civilisation de la vallée de l'Indus, vers 2500-1900 avant J.-C., située dans la zone frontière entre l'Inde actuelle et le Pakistan] prospérait et quand l'Europe vivait dans les cavernes. Des centaines de générations ont défilé devant eux. Des civilisations plus grandes que la nôtre se sont construites et sont retombées en poussière.

Nous autres ébénistes, nous avons l'audace de modeler le bois de ces nobles arbres. En un sens, c'est notre Karma Yoga, la ligne d'action qu'il nous faut emprunter pour parvenir à l'union avec le divin. Chaque arbre, chaque partie de chaque arbre, doit accomplir sa propre destinée et vivre sa propre relation. Nous errons dans le monde à la recherche de notre relation avec ces arbres.

Il y avait un cèdre sur l'île de Yaku [au large de la côte sud de la principale île méridionale du Japon, Kyushu] dont le tronc creusé par la pourriture aurait pu abriter une cabane. Des centaines d'années auparavant, on l'avait coupé à une hauteur de trente pieds au-dessus du sol pour prendre son bois. A présent, ce qu'il en restait était entouré d'une couronne de petits arbres jaillissant de son cambium, ou sa couche extérieure...

Nous travaillons avec des planches provenant de ces arbres, pour combler leur aspiration à une seconde vie, pour libérer leur richesse et leur beauté. À partir de ces planches, nous façonnons des objets utiles à l'homme et, si la nature le veut bien, des choses de beauté. Ces objets, en tout cas, s'harmonisent avec les rythmes de la nature pour accomplir la destinée de l'arbre et la nôtre... Chaque pièce de bois est impressionnante car elle renferme la majesté de toutes les forces divines qui existent sur le plan des objets de la nature...

Nous sommes emplis de respect pour la noblesse d'un arbre, sa patience éternelle, sa souffrance causée par l'homme et parfois par la nature. Son témoignage sur des milliers d'années d'histoire terrestre, ses créations d'une beauté fabuleuse. Il ne fait que le bien, avec sa prodigieuse aptitude à servir, il donne généreusement son oxygène et absorbe les gaz préjudiciables aux autres formes vivantes. L'arbre et sa moelle [le premier matériau produit par la semence] continuent à vivre. Ses fruits nous nourrissent. Ses branches nous donnent de l'ombre et nous protègent. Et, enfin, quand le temps et les intempéries l'abattent, son corps nous offre du bois pour nos maisons et des planches pour nos meubles. L'arbre continue à vivre [35].

Racines embrassées

Les gens attachés aux biens de ce monde perdent leurs racines et s'accrochent aux sommets des arbres.

UNE DESCRIPTION DE L'AMNÉSIE SPIRITUELLE DONNÉE PAR UN ANCIEN INITIÉ [36].

Inspiration, expiration. On inhale lentement et profondément, on exhale lentement et profondément. Apaisement du corps, apaisement de l'esprit. Je me suis éveillée ce matin sous les arches gracieuses des branches des lauriers et des sapins de Douglas. Toute la nuit les arbres ont conversé sous la pleine lune, tissant autour de moi leurs histoires, capturant mes rêves avec leurs membres retombants et leurs troncs généreux. Unis dans un même souffle tandis que je dormais et qu'ils se reposaient, nous dansions doucement dans la nuit d'été. Leur grande confiance formait un cercle pour mon réveil ; leur présence robuste était une invitation au repos.

STEPHANIE KAZA,
ÉCRIVAIN, NATURALISTE ET ADEPTE DE LA PRATIQUE DE MÉDITATION ZEN
DU *SHIKANTAZA* – ÊTRE SIMPLEMENT ASSIS [37].

Sage redwood

L'environnementaliste Stephanie Kaza appelle les séquoias redwood « les yogis de la forêt », par référence à la présence transcendante et sereine des arbres. « Mon parcours est une quête des vérités profondes conservées par ces arbres magnifiques[38] », écrit Kaza dans son émouvant recueil de méditations, de « conversations » (ainsi qu'elle les appelle) avec ses modèles géants.

PAR BONHEUR LES SÉQUOIAS GÉANTS n'ont pas été revendiqués comme sites sacrés par une seule et unique tradition spirituelle. Leurs temples sont accessibles aux visiteurs de toute culture, religieuse ou non ; tout le monde peut venir dans ces bois pour s'y imprégner de révérence et d'humilité. La plupart des sites célèbres sont confiés à la garde du public, offrant à chacun l'occasion de respecter des êtres vivants plus anciens et bien plus endurants que soi. En rendant hommage aux arbres, on cultive une qualité écologique et l'on devient sensible au miracle de l'évolution qui a engendré la vie humaine.

Le Bosquet Nord à Calaveras est l'un des soixante-quinze temples que l'on rencontre dans une section de la Sierra Nevada longue de 250 miles. Les arbres poussent principalement en bouquets plutôt que par individus isolés, préférant les endroits humides entre 5 000 et 7 000 pieds sur le versant occidental. La relative rareté de ces bosquets, reliques d'une distribution autrefois plus large, ajoute au sentiment d'une rencontre avec l'inhabituel. Aujourd'hui, la population de séquoias est limitée dans son altitude supérieure par les rudes hivers et dans son altitude inférieure par le manque d'eau.

On peut comparer ces bois aux anciens temples d'Athènes, de Machu Picchu, ou à Stonehenge. Mais les séquoias ne sont pas des ruines. Ils sont toujours vivants. Chaque bosquet fait partie d'une chaîne génétique continue qui remonte à des millions d'années. Chaque arbre adulte est une histoire vivante de plus de 2 000 ans. Ce sont de très vieilles églises. Mais les séquoias ne semblent ni vieux ni en ruine ; il irradie d'eux une vitalité dynamique qui écrase tous les autres arbres des environs.

Celui qui visite ces bois sacrés pourrait être amené à croire que les séquoias sont paisibles et tranquilles de toute éternité. Mais il y a un secret ici : la vraie nature de ces arbres est intimement liée au feu, l'élément spirituel. L'écorce épaisse et fibreuse enveloppe l'arbre dans une robe à l'épreuve du feu. Cependant, pour germer, les semences on besoin du feu. Les arbres ne peuvent se régénérer sans le feu pour nettoyer le terrain... Dans la vie d'un séquoia, des décennies peuvent s'écouler sans qu'aucun jeune plant n'apparaisse. Mais soudain, le feu court dans le bois, bondissant et brûlant...

Un pèlerinage parmi les grands arbres nous offre une chance de réapprendre à brûler avec le feu de l'existence. Devant ce spectacle, on peut reconnaître en soi la même aptitude à une nouvelle vie ranimée par la passion, au défrichement qui apporte le renouveau. La bénédiction du pèlerin, c'est le voyage lui-même. Aligner son parcours sur le pouvoir des arbres c'est dépasser l'ordinaire pour atteindre les temples de la vérité [39].

Voyez les herbes ! Leurs vertus sont invisibles et pourtant elles peuvent être détectées.

PARACELSE (1493-1541),
MÉDECIN, PHILOSOPHE, ALCHIMISTE ET MYSTIQUE [40].

Les hymnes des Vedas, les textes révélés des Hindous, constituent les plus anciens et les plus respectés des témoignages de la sagesse indienne. Considérés comme des vérités éternelles, ils forment la pierre angulaire de l'hindouisme et ont été décrits comme « un document unique sur la conscience religieuse de toute l'humanité [41] ». Les quatre Vedas – le *Rig*, le *Sama*, le *Yajur* et l'*Atharva* – contiennent ensemble plus de cent mille vers sur des thèmes qui vont des prières pour la postérité et la prospérité aux hymnes célébrant les pouvoirs divins du monde naturel en passant par un éventail fascinant de prescriptions médicales. Le *Rig-Veda*, par exemple, épouse la notion de l'humanité considérée comme une seule grande famille et de l'unité essentielle de toutes les démarches spirituelles. Certains hymnes du *Rig* honorent la grâce et les pouvoirs du monde végétal comme cet *Hymne à la louange des herbes*, écrit vers 2500 avant J.-C. :

Vous les herbes, nées à la naissance du temps,
Plus anciennes que les dieux eux-mêmes.
Ô Plantes, avec cet hymne c'est vous que je chante
Nos mères et nos dieux.

Le figuier saint est votre foyer.
Mille fois vous croissez.
Vous, qui avez mille pouvoirs,
Libérez mon patient de la maladie.

Fuis, Esprit de la Maladie.
Pars avec le geai bleu et le martin-pêcheur.
Envole-toi avec la vitesse impétueuse du vent.
Disparais avec la tempête.

Ô Plantes, si parfaites.
Vos vassaux sont les arbres.
Qu'il soit livré à vos pouvoirs,
L'homme qui cherche à vous nuire.

Lorsque je restitue les forces évanouies
Je vous tiens dans ma main vous les herbes.
Et l'Esprit de la maladie s'éloigne,
Frustré d'une autre mort.

Secourable est le nom de votre mère.
C'est pourquoi vous êtes appelées les guérisseuses.
Vous êtes rivières, et vous volez avec des ailes.
Éloignez ce qui apporte la maladie.

Qu'il soit préservé celui qui vous déterre.
Qu'il soit préservé l'homme pour qui je creuse la terre.
Et ne laissez pas la maladie détruire
Les vies dont vous avez la garde [42].

Dans le grand poème épique javanais, l'*Ardjuna Wiwaha* (« Célébrations des noces d'Ardjuna »), inspiré du Mahābhārata et composé en 1035 par Mpu Kanwa, sept nymphes célestes sont envoyées pour éprouver la fermeté d'esprit d'Ardjuna. Alors qu'elles approchent de la grotte sur le mont Indrakila où Ardjuna est plongé dans sa méditation, elles découvrent un paradis arboré.

C'ÉTAIT LE MATIN QUAND ELLES Y ARRIVÈRENT, et elles s'avancèrent gaiement le long du sentier. Les *tjamara* [sorte de pins] s'agitaient sur les versants comme pour saluer d'un geste courtois l'apparition des nymphes. Les canneliers dont les jeunes feuilles d'un rouge de braise palpitaient délicatement paraissaient lancer des appels audibles, rivalisant par leur beauté et leur rougeur avec les seins et les lèvres des nymphes. Cependant, les formes charmantes des arbres des forêts étaient cachées dans les nuages ; il y avait de la brume, on y voyait à peine ; seul ce qui était tout près était visible ; dès qu'on s'en éloignait, la brume se refermait dessus. Les *sekara* jaunes [palmiers à fleurs] venaient de produire de jeunes feuilles ; on cherchait à voir les abeilles qui bourdonnaient mais elles demeuraient invisibles. Deux paons se lissaient les plumes, les ailes déployées, perchés l'un en face de l'autre sur le tronc mort d'un *tjandana* [santal] [43].

Pachyderme

Dans l'esprit de *La Recherche du temps perdu* de Marcel Proust, où les souvenirs du narrateur sont éveillés par le goût et l'arôme d'une madeleine, le ginkgo produit chez Regina O'Melveny un effet comparable. L'arbre « qui est apparu avant les dinosaures dans les grandes forêts marécageuses » est un symbole de temps plus heureux pour O'Melveny. Il évoque dans sa mémoire une enfance idyllique.

QUAND JE SUIS NÉE, il y a trente-neuf ans, mes parents ont planté un ginkgo en mon honneur... Je ne sais pas du tout pourquoi mes parents ont choisi cet arbre, et comme je ne peux plus le leur demander, j'imagine que ma mère aimait les limbes délicats des feuilles du ginkgo quand ils tremblaient tendrement dans l'air printanier. Mon père aimait peut-être l'élégance orientale de cet arbre qu'il peignait avec des encres *sumi*. Leur amour pour moi s'exprimait dans cet arbre.

Le ginkgo avec ses jointures noueuses et ses longs rejets se trouvait dans un gros pot sur les briques inégales du patio. Un vent chaud de Santa Ana le secouait jusqu'à ce que ses feuilles jaunes battent follement et se détachent pour tourbillonner partout dans le patio, s'accumuler contre les marches et se plaquer contre la porte et les fenêtres. La lumière de la fin octobre faisait chatoyer les feuilles tandis qu'elles balançaient dans le vent et tombaient. Le ginkgo était le seul arbre à feuilles caduques dans notre jardin du sud de la Californie, et ce miracle des feuilles qui viraient à l'or avant d'être balayées dans la lumière m'émerveillait. C'était comme si un livre de Mandarin aux pages dorées avait rompu sa reliure et que de précieuses feuilles de papier volaient autour de moi. Ma mère m'avait lu des contes de fées chinois et japonais, et à présent je me trouvais moi-même au milieu d'un de ces contes, un conte qui avait commencé à ma naissance. Je me suis mise à ramasser les feuilles pour mes poupées. Je n'avais jamais vu de feuilles comme celles-là. Les fines veines se déployaient à partir du pétiole comme les rayons de mes roues de vélo. Je pouvais mettre bout à bout quatre des triangles doucement arrondis pour former un cercle, ou deux pour faire un arc ou des ailes de papillon. En elles-mêmes, les feuilles étaient de parfaits éventails pour la poupée de porcelaine japonaise drapée dans un kimono rouge et bleu. Je plaçais des feuilles de ginkgo près de ses pieds chaussés de sandales de bois, ou j'essayais de les faire tenir dans ses mains blanches cousues sur le devant de son kimono.

Je ne me rappelle pas exactement quand le ginkgo est mort, mais je sais que c'était avant que nous déménagions, quand j'avais treize ans. Notre famille se disloquait et bien des choses disparurent dans des fissures, notamment mes poupées que ma mère accapara sommairement pour les envoyer à une œuvre.

Quand je revis un ginkgo, c'était vingt ans plus tard. Je visitais New York pour la première fois et je fus stupéfaite de voir des rues entières bordées de ginkgo. D'une certaine façon, je ne m'attendais pas à voir jamais un autre ginkgo, et pourtant ici des avenues de ginkgos s'ouvraient devant moi comme un vert couloir de lumière, des portes béantes révélant une étendue d'une ancienne forêt. Un espoir insensé et profondément enraciné étreignit mon cœur. J'ai ramassé une feuille et je l'ai glissée entre les pages de mon journal [44].

Presque tous les Hindous… adorent une plante qui ressemble à notre *Basilico gentile*, mais dégage une odeur beaucoup plus forte. Tous ont devant leur maison de petits autels… au milieu desquels ils érigent des sortes de piédestaux comme de petites tours, où l'on cultive ces plantes.

P. VINCENZO MARIA,
UN VOYAGE EN INDE (1672) [45].

Naveen Patnaik, écrivain et membre fondateur la Société nationale indienne pour la conservation de l'héritage artistique et culturel, s'intéresse particulièrement aux plantes médicinales d'Inde. Dans *The Garden Of Life* il explique la genèse de l'*Ayurveda*, la « connaissance de la vie », médecine traditionnelle indienne dont les fondements, dit-il, reposent sur l'ancienne vénération de l'Inde pour les plantes et leurs propriétés médicinales. Le basilic sacré n'est qu'un exemple des bienfaits de la nature que révèrent non seulement le médecin ayurvédique, mais encore de nombreux profanes dans la population indienne.

LA SCIENCE MODERNE A ÉTABLI que cette modeste plante aromatique purifie l'air de manière perceptible dans un large rayon autour d'elle. C'est juste après le lever du soleil qu'elle s'avère le plus efficace, au moment où le fidèle décrit autour d'elle un cercle rituel.

Peut-être est-ce pour cela que les mythes hindous racontent que le Roi de la Mort lui-même renonce devant ce buisson sacré et pour cette raison encore que, chaque année, au moment où la lune d'automne commence à croître, un rituel religieux célèbre le mariage de la plante à l'un des trois dieux de la trinité hindoue, Vishnu, le Conservateur.

En Inde, chaque jardin domestique construit autour du basilic sacré est considéré comme un lieu de paix, de piété et de vertu.

La racine de la plante symbolise le pèlerinage religieux, ses branches, la divinité, son inflorescence, la compréhension des écritures. Traditionnellement, quand le buisson a été planté dans un jardin indien, on l'entretient d'abord pendant trois mois avant de lui rendre un culte avec des offrandes de riz, des fleurs et des lampes allumées. Après quoi, les vierges prient le basilic sacré pour trouver un mari, et les femmes mariées pour la paix et la prospérité de leur foyer.

D'un point de vue médical, la plante fournit une pharmacopée pour toute la maison. Ses feuilles écrasées dans du miel servent à soigner la toux, les refroidissements, les bronchites et à faire tomber la fièvre. Une infusion de feuilles de basilic et de gingembre constitue le remède le plus populaire en Inde pour les maux d'estomac chez les enfants. Son huile essentielle est un antiseptique et éloigne les insectes, tandis que sa racine, réduite en pâte, apaise les morsures et les piqûres d'insectes et agit même comme antidote au venin des serpents et des scorpions [46].

Arbre extatique

Là s'élevait un arbre. Ô magique transcendance !
Chants d'Orphée ! Et dans l'oreille, un arbre !

RAINER MARIA RILKE (1875-1926)
SONNETS POUR ORPHÉE [47].

J'enchanterai mon cœur, et je le placerai au-dessus de la fleur du cèdre.

PAPYRUS ÉGYPTIEN D'ORSIGNY [48].

Dans son superbe recueil de contes populaires haïtiens, *The Magic Orange Tree*, la conteuse et mythologiste Diane Wolkstein nous présente « le fruit étrange de la nuit haïtienne » et nous invite à déserter un instant nos propres univers quand le tambour annonce l'arrivée des esprits. C'est alors le moment de pénétrer dans le monde merveilleux de l'histoire. La volonté de vivre est au cœur du chant et de l'histoire (« *contes chantés* ») de l'oranger magique. Le corollaire, remarque Wolkstein, est que les arbres sont considérés comme un précieux étalon : ils servent de mesure symbolique à la vie de presque tout le monde.

QUAND UN ENFANT NAÎT à la campagne, on conserve parfois le cordon ombilical pour le sécher et le planter en terre avec, au bout, le noyau d'un arbre fruitier. L'arbre qui pousse appartient alors à l'enfant. Et cinq ou six ans plus tard, les fruits qu'il porte sont considérés comme la propriété de l'enfant qui peut les troquer ou les vendre. (À Haïti, les jeunes enfants deviennent très vite économiquement actifs.) C'est ainsi qu'on pense à Haïti que les arbres protègent les enfants et qu'on les présente parfois comme leurs anges gardiens. Cependant, si l'arbre venait à mourir ou à croître de manière difforme, cela serait considéré comme un mauvais présage pour l'enfant qui possédait l'arbre [49].

Adam et Ève »

Dans un récit à la troisième personne, le poète Rainer Maria Rilke (1875-1926) décrit une expérience cosmique qu'il a vécue en 1912 dans le jardin de Duino près de Trieste alors qu'il s'appuyait contre la fourche formée par deux branches d'un arbre.

GRADUELLEMENT SON ATTENTION FUT ÉVEILLÉE par une sensation jusqu'alors inconnue : c'était comme si d'imperceptibles vibrations passaient en lui de l'intérieur de l'arbre... Il était de plus en plus surpris, et même impressionné, par l'effet que produisait en lui ce qui passait ainsi sans discontinuer : il sentait qu'il n'avait jamais été empli de vibrations plus délicates, son corps était traité en quelque sorte comme une âme... Dans les premiers moments, il ne pouvait distinguer véritablement par quel sens il recevait une communication si pénétrante et délicate ; en outre, la sensation qu'elle produisait en lui était si parfaite et si persistante, si différente de toutes les autres, mais si ténue qu'il ne pouvait se la représenter comme l'accroissement de quoi que ce soit qu'il ait jamais éprouvé et qu'il ne songeait pas à l'appeler plaisir malgré toutes ses délicieuses qualités... Il se demanda avec insistance ce qui lui arrivait et presque immédiatement il trouva une expression qui le satisfaisait, et se dit à voix haute qu'il était passé de l'autre côté de la Nature... Son corps lui apparaissait pathétique et il n'en avait d'autre usage que d'être présent en lui, purement et précautionneusement, exactement comme un fantôme... En regardant autour de lui lentement, sans changer de position, il reconnaissait chaque chose qu'il voyait, s'en souvenait et lui souriait avec une distante affection... Il regarda passer un oiseau, une ombre attira son attention, même le sentier lui-même, la façon dont il continuait pour se perdre hors de vue, l'emplissait d'une compréhension rêveuse... Une pervenche près de lui, dont il avait souvent déjà vu le regard bleu, lui apparut avec une distance plus spirituelle, mais pleine d'une signification inépuisable, comme si plus rien ne devait désormais être caché. Il prit pleinement conscience que tous les objets lui apparaissaient maintenant plus distants et en même temps, d'une manière ou d'une autre, plus vrais.

Il se disait de temps en temps que cela ne pouvait pas durer, mais il ne redoutait pas la cessation de cet état extraordinaire, comme si une telle fin était conforme à quelque loi et qu'on ne pouvait que s'y attendre, comme une musique qui s'arrête [50].

L'utilisation pleine d'habileté du langage par Forrest Carter dans son autobiographie, à la fois charmante et controversée, *The Education of Little Tree*, donne vie aux paroles des collines sur des rythmes qui chantent les aventures de Little Tree en une expérience mémorable et universelle. Dans ce qui suit, Little Tree partage la « pensée des arbres » de son arrière-grand-père maternel Cherokee.

LE PÈRE DE GRAND-MÈRE S'APPELAIT Brown Hawk. Elle disait que sa compréhension était profonde. Il était capable de sentir la pensée des arbres. Un jour, racontait-elle, quand elle était encore une petite fille, son père fut troublé et dit que les chênes blancs sur la montagne étaient excités et effrayés. Il passait beaucoup de temps sur la montagne, à marcher parmi les chênes. Ils étaient très beaux, grands et droits. Ils n'étaient pas égoïstes et laissaient du terrain au sumac, au plaqueminier, au noyer et au marronnier pour nourrir les animaux sauvages. Ça leur donnait beaucoup d'esprit, de n'être pas égoïstes, et cet esprit était puissant.

Grand-mère disait que son père était devenu si inquiet à propos des chênes qu'il allait marcher parmi eux la nuit, car il savait que quelque chose n'allait pas.

Alors, un matin, tôt, quand le soleil pointait au sommet de la montagne, Brown Hawk vit des bûcherons qui s'avançaient entre les chênes blancs pour les marquer et calculer comment ils allaient les couper tous. Quand ils partirent, raconta Brown Hawk, les chênes blancs commencèrent à pleurer. Et il ne pouvait plus dormir. Alors il observa les bûcherons. Ils construisaient une route qui montait vers la montagne pour y faire passer leurs chariots.

Grand-mère disait que son père parla aux Cherokees et qu'ils décidèrent de sauver les chênes blancs. Elle disait que la nuit, quand les bûcherons partaient pour retourner à leur village, les Cherokees allaient creuser de profondes tranchées en travers de la route. Les femmes et les enfants aidaient aussi...

Grand-mère disait que le combat était rude et qu'ils se fatiguèrent. Alors, un jour, quand les bûcherons travaillaient sur la route, un chêne blanc géant s'abattit sur un chariot. Il tua deux mules et écrasa le chariot. Elle disait que c'était un beau chêne blanc plein de vigueur et qu'il n'avait aucune raison de tomber, mais il l'avait fait.

Les bûcherons renoncèrent à essayer de construire la route. Les pluies du printemps arrivèrent... et ils ne revinrent jamais.

Grand-mère disait que la lune devint pleine, et qu'il y eut une fête dans le grand peuplement de chênes blancs. Ils dansèrent dans la pleine lune jaune, et les chênes blancs chantèrent et touchèrent leurs branches ensemble, et touchèrent les Cherokees. Grand-mère disait qu'ils avaient entonné un chant de mort pour le chêne blanc qui avait donné sa vie pour sauver les autres, et elle disait que c'était une sensation si forte qu'elle faillit être soulevée de la montagne.

« Little Tree, disait-elle, ces choses, tu ne dois pas les raconter, car ça ne servira à rien de les raconter dans ce monde qui est celui de l'homme blanc. Mais tu dois les savoir. Et c'est pourquoi je te les ai racontées [51]. »

Mains d'arbre

Tiens-toi tranquille, mon cœur, ces grands arbres sont en prière.

RABINDRANĀTH TAGORE,
POÈTE, ESSAYISTE, COMPOSITEUR ET MYSTIQUE BENGALI [52].

En s'élevant au Ciel, les feuilles de Lotus se fondent en une infinité de vert.

SU TUNG-P'O (DYNASTIE SUNG, 960-1276),
POÈTE, PEINTRE, ESSAYISTE, HUMORISTE ET CALLIGRAPHE [53].

Parmi les arbres je suis l'Asvattha.

KRISHNA,
LA BHAGAVAD-GĪTĀ (200 AVANT J.-C.-200 APRÈS J.-C.) [54].

L'auteur indien Naveen Patnaik explore les mythes du Figuier sacré. Il y a deux espèces de figuiers indiens – l'asvattha et le banian – qui ont chacun été décrits comme l'Arbre de l'Illumination. Patnaik associe à l'asvattha les valeurs symboliques de l'Arbre cosmique ou Arbre éternel. D'autres théories attribuent cependant au banian le même caractère sacré.

LA MÉTAPHORE DU SEIGNEUR KRISHNA dans le livre saint des hindous est aisément comprise par les Indiens qui croient que le bois de l'*Asvattha* ou figuier sacré a servi à allumer le feu sacré originel par lequel les dieux ont donné la connaissance à la race humaine.

L'Inde honore le figuier sacré comme l'Arbre de Vie. Le plus ancien témoignage de cette révérence a été découvert par des archéologues qui, en fouillant les ruines de la civilisation de la vallée de l'Indus, vieille de cinq mille ans, ont trouvé des sceaux représentant déjà le figuier sacré entouré de fidèles. Aujourd'hui, les croyants continuent à s'asseoir sous le figuier sacré pour méditer sur le Créateur.

Dans l'Inde antique, le murmure constant des feuilles au bout des pétioles allongés du figuier sacré était comparé au bourdonnement du plus vieil instrument de musique indien, le luth ou vina, et la plantation de figuiers était aussi bien un acte de mérite qu'un moyen de ratifier les traités de paix. Comme il sied à l'arbre de la vie, on a découvert que ses propriétés médicinales contribuent à maintenir les fonctions vitales – circulation, vision, les poumons et les reins.

Cet arbre est si profondément associé à l'origine comme à la symbiose de la vie que l'on considère qu'il entraîne l'illumination, et d'innombrables légendes indiennes parlent de sages méditant dans son ombre. Le plus grand d'entre eux a été appelé l'Illuminé ou le Bouddha, et son arbre le Bodhi, ou Arbre de l'Illumination. Les bouddhistes représentent souvent le Bouddha à l'ombre de cet arbre, qui est devenu le symbole bouddhique de la conscience.

En 288 avant J.-C., l'empereur indien Asoka fit don au roi du Sri Lanka d'une bouture de l'arbre sous lequel le Bouddha avait médité. Aujourd'hui encore, des fidèles continuent à faire le tour de cet arbre en chantant.

Quand l'arbre Bodhi original mourut en Inde, on planta à sa place une bouture de l'arbre sri lankais qui continue à établir un lien vivant entre le Bouddha et ceux qui cherchent l'illumination [55].

Esprit félin

Ici, mes frères, sont les racines des arbres, ici sont les lieux vides ; méditez.

ANCIEN PHILOSOPHE BOUDDHISTE [56].

Dans son premier roman, *Wales' Work*, l'écrivain canadien Robert Walshe expose avec une verve délirante les dernières volontés d'un éditeur décédé considérées du point de vue d'un mort incarné. C'est une aventure métaphysique, une déconfiture psychique qui vous pousse à vous demander qui est véritablement mort ou vivant. Dix-neuf enveloppes renferment les instructions du narrateur décédé concernant la dispersion de ce qui reste de son corps et de ses biens, et expliquent la philosophie qui les inspire. Rien n'est jamais ce que cela paraît être. Tout un sac d'embrouilles où se mêlent une série de requêtes laissées par Wales contribue à révéler un Wales jusqu'alors inconnu et à troubler les pensées de quelques-uns des êtres qu'il laisse derrière lui. Un Wales contemplatif, par exemple, confesse une affinité « qui ne lui ressemble pas » avec un jardin qui fleurissait à côté de son ancienne maison biscornue dans le Kent, construite à flanc de colline près d'un champ de blé de la Saskatchewan.

IL FAUT UN JOUR QUE JE VOUS DISE ce que ces arbres en sont venus à représenter pour moi – particulièrement les bouleaux et le sorbier des oiseleurs qui, avec ses éclairs écarlates, commémorait ma terre natale. Lorsqu'il s'enracina et commença à faire pousser son premier feuillage timide, je me suis mis à voir en lui et dans le champ de blé au-dessus mes totems bien plus que n'importe quel passeport ou qu'une terne entrée dans un livre de statistiques. J'ai planté cet arbre comme une façon de laisser quelque chose de vivant derrière moi. Les arbres ne sont pas de pierre éternelle, mais ils nous rappellent que la pierre a jadis été du feu et qu'elle a pu servir en refroidissant à figer l'empreinte d'une fleur, d'une semence, d'un poisson. Tout comme la pierre durera plus longtemps que nous, nos arbres survivront aux traces fragiles que nous nous efforçons si ostensiblement d'attacher à notre nom. Entre-temps, les feuilles peuvent bourgeonner, pousser, se flétrir et tomber, et les oiseaux peuvent trouver un abri dans leurs branches. Chaque homme qui n'est pas un graveur sur pierre devrait planter un arbre et le nourrir, quand vient le jour, avec les restes des ses os [57].

Un if est tout aussi important que la cathédrale de Durham, et diablement plus vieux.

DAVID BELLAMY,
BOTANISTE ANGLAIS ET DÉFENSEUR DE LA NATURE [58].

Sir George Trevelyan nous enjoint de nous éveiller à la signification spirituelle unique d'un arbre magnifique, l'incomparable if.

QUELLE MAGIE IL Y A DANS LES ANCIENS IFS ! Qu'est-ce donc qui enflamme notre vision et nous emplit l'âme de mystère et d'histoire pathétique et sans âge ?

Nous associons nos ifs à nos cimetières. Là, nous les trouvons immanquablement qui embellissent l'église et déploient leurs grands bras parmi les tombes. Et bien des gens en viennent parfois à supposer tacitement que « nos pères » plantaient des ifs dans les cimetières. Mais non ! Les grands ifs ont peut-être deux mille ou trois mille ans, et dans certains cas, ils peuvent atteindre quatre mille ans ou plus, et nos églises, pour la plupart, ont été bâties il y a moins de mille ans. Les ifs étaient là les premiers, plantés sur les sites sacrés connus des druides. Les bâtisseurs d'église qui sont venus plus tard étaient sensibles aux lieux saints et savaient où construire leurs églises. Alors, laissons-nous éveiller au prodige des ifs plantés bien avant que les églises ne fussent construites, et liés aux antiques mystères et rituels préchrétiens.

Quelle merveille que l'ancien if ! On prétend que le grand if pourrait être absolument immortel. Essayez de vous le représenter. Le complexe central du tronc ressemble souvent à de nombreux arbres qui se fondent l'un dans l'autre pour former une entité d'une force incroyable. Puis les branches autour du tronc central retombent et s'enracinent de manière à pouvoir, comme une sorte de nouvel arbre, faire naître d'autres branches. Ainsi, théoriquement du moins, le processus pourrait se poursuivre jusqu'à ce que le complexe recouvre une vaste superficie de ses anneaux.

Cet arbre enflamme notre imagination. Quand on a « vu » un if, il devient fascinant d'étudier son tronc et de voir comment les flux d'énergie parcourent ses nervures. Notre vision imaginative peut se confondre avec cette étonnante structure. Théoriquement, l'if pourrait être sans âge et ne jamais mourir, son tronc central dressé comme un pilier compact d'une immense robustesse [59].

Il y a en Inde un arbre dont la particularité est de se planter lui-même. Il déploie de puissants bras sur la terre, où en l'espace d'une seule année ils prennent racine et repartent à nouveau.

Pline l'Ancien (70 après J.-C.)
au sujet de l'étonnant banian
(nom sanskrit : *Nyagrodha* ; nom hindi : *Bar*) [60].

Baucis et Philémon

Les feuilles de l'arbre servent à la guérison des nations.

APOCALYPSE, 22 : 2.

Ses terres sont hautes avec des montagnes très élevées... Toutes sont très belles... et toutes sont accessibles et couvertes de grands arbres de mille sortes qui semblent toucher le ciel. Et on m'a dit qu'ils ne perdent jamais leur feuillage... et certains étaient en fleurs, certains portaient des fruits, certains étaient à un autre stade encore, selon leur nature.

CHRISTOPHE COLOMB [61].

Cathédrales immémoriales

Sacré ou séculier, quelle est la différence ? Si chaque atome dans notre corps était autrefois une étoile, alors il est tout entier sacré et tout entier séculier en même temps.

Gretel Ehrlich,
poète et romancière [1].

Pierres, plantes, animaux, la terre, le ciel, les étoiles, les éléments, en fait tout dans l'univers nous révèle la science, le pouvoir et la volonté de son Créateur.

Abu Hamid Muhhammad Al-Ghazzali
(1058-1111) mystique persan [2].

Le cairn huant

Marco Pallis, entomologiste, alpiniste, philosophe et professeur de musique d'origine grecque, s'intéresse aux dimensions métaphysiques du cairn éternel, un monticule de pierres érigé comme un repère ou un mémorial pour aider celui qui cherche à atteindre les hauteurs de la réalisation de soi.

LES CAIRNS MARQUANT DIVERS ENDROITS qui ont une signification particulière comptent parmi les monuments les plus anciens et les plus largement distribués de l'art humain ; et l'origine du mot lui-même en suggère une raison. Le sens premier du celtique *carn* est « corne » (la racine est d'ailleurs la même *), et par la suite le mot a été appliqué à toute éminence en forme de corne, notamment les sommets des montagnes... Le cairn miniature fait d'une pile de pierres était utilisé par les Celtes et d'autres peuples pour marquer les sépultures. Les raisons profondes de cette pratique sont claires, puisque le cairn est en soi un emblème de la Montagne de l'Axe et a été construit sur son modèle ; il se dresse pour rappeler aux vivants et aux morts que la véritable Voie, la route directe de l'ascension doit suivre l'axe, et que le voyage doit continuer dans ce monde et les autres jusqu'à ce que le But ait été atteint par la Connaissance.

---

* L'auteur parle ici du mot anglais « horn ». Le français « corne », si ressemblant soit-il, dérive du latin, mais il est vrai que le gaélique et le latin sont deux langues indo-européennes. D'autres sources divergent cependant sur le sens et rapprochent « cairn » du celte *car*, « pierre ». (*N.d.T.*)

Au Tibet, par exemple, en atteignant un endroit élevé occupé par un cairn, comme le point culminant d'une passe, le voyageur ajoute sa pierre sur la pile avec l'exclamation rituelle : « les dieux sont victorieux, tous les démons sont défaits », réaffirmant ainsi son propre dévouement à la Voie ; car au sens large les dieux correspondent aux possibilités plus élevées de son être et les démons à toutes ces tendances inférieures qui le tirent en arrière et vers le bas, et qui doivent être dominées et rappelées à l'ordre pour que l'Ascension suprême puisse un jour être accomplie.

Le cairn est donc la véritable image de la montagne pivot de l'univers et il offre en tant que tel une vision préliminaire de ce qui doit être réalisé. La construction « correcte » d'un cairn est en fait un rituel du moment le plus important, qu'il prenne place au pied, ou à la « porte » de la Voie ou sur le sommet, une fois l'ascension achevée, où il symbolise le « saint des saints », c'est-à-dire le But. Dans leur aspect extérieur cependant, les deux cairns ne peuvent être distingués, de sorte que, dans un sens, quiconque a contemplé l'un avec « l'œil unique » de la compréhension a de même vu l'autre [3].

Panthéon

Chaque fois que je voyage dans des pays étrangers, je vais témoigner mes respects à leurs temples, tout comme je le fais en Afrique pour ces petits tas de pierre qui sont les sanctuaires des Hottentots et des Boshimans. Ils m'émeuvent beaucoup, et je tiens à y ajouter une pierre comme ma contribution. Les Hottentots érigent ces petites piles de pierre pour leur dieu, « Heitse Eibib », le dieu qui combat les forces des ténèbres. Ce dieu, expliquent-ils, lutte pour le pouvoir de la lumière contre les forces de l'obscurité, et ils disent qu'on peut le voir revenir du combat saignant dans la rougeur de l'aube, et on entend sa voix dans le bruissement du vent qui agite les feuilles des arbres. Partout où ils traversent une rivière ou un cours d'eau, ils posent une pierre en l'honneur du dieu et quiconque passe par-là y ajoute sa pierre. Les Hottentots ont disparu, mais les piles de pierre demeurent et ces églises hottentotes, comme je les appelle, m'émeuvent étrangement plus que ne l'ont fait les grandes cathédrales.

LAURENS VAN DER POST,
ROMANCIER ET EXPLORATEUR [4].

Jack McPhee, un vieil aborigène australien, décrit la nature des sites sacrés, le pouvoir surnaturel qui les habite et qui, par extension, investit le paysage environnant. Ce sont des incarnations de la fertilité – psychique, physique et universelle. C'est pourquoi la perte d'un de ces sites est vécue avec une tristesse indicible.

UN SITE SACRÉ POURRAIT ÊTRE UNE GROTTE, un rocher, une marre, partout où un grand serpent pourrait se trouver ou se rendre de temps à autre. Je ne parle pas d'un vrai serpent au sens de quelque chose qu'on peut voir, je parle d'une chose spirituelle très ancienne. Je suppose que le site sacré d'un Blanc pourrait être son église, mais vous savez quand cette église a été construite et vous pouvez la sentir avec vos mains. Nos sites sacrés s'adressent plus aux esprits, et on ne peut les dater parce qu'ils ont toujours été là.

Il y avait un site sacré sur le chemin de retour de la mine de Comet, qui se trouve à six miles à peu près au sud-ouest de Marble Bar [dans le nord-ouest de l'Australie]. Juste en dépassant la pointe d'une grande colline, il y avait un petit ruisseau qui courait autour d'un eucalyptus. Il était là depuis des centaines et centaines et centaines d'années. Quand j'étais jeune on pouvait toujours être sûr d'y trouver de l'eau à boire, même en période de sécheresse.

Malheureusement, les Blancs ne comprenaient pas combien cet endroit était spécial. Quelqu'un est venu et a creusé un trou là, un prospecteur probablement, en espérant augmenter le débit de l'eau, mais bien sûr ce n'est pas ce qui s'est produit, et la source s'est simplement tarie. Vous comprenez, en faisant ça, il a tué Gadagadara, un serpent avec une étrange tête dont la forme rappelle celle d'un cheval, et qui avait placé son esprit là pour y vivre et veiller sur l'eau pour les hommes.

Je me rappelle que les anciens étaient bouleversés quand ce site fut détruit. Ils ont tenu une réunion pour essayer de découvrir qui avait tué Gadagadara, mais personne ne le savait. Après ça, ils restèrent très tristes pendant longtemps.

Il y a eu de nombreux endroits comme celui-là d'où je viens. Dans ces lieux particuliers il y avait de l'eau, parfois juste une petite mare, et puis on a envoyé une niveleuse ou quelqu'un y a touché, et bien sûr l'eau a disparu parce que l'esprit qui la gardait a été tué [5].

Glastonbury Tor, colline de la spirale sacrée

Dans le décor des vastes paysages d'Afrique orientale, Carl Gustav Jung a perçu pour la première fois sa propre conscience du monde. Le psychiatre suisse rapporte son expérience d'une « reconnaissance de ce qui est connu depuis des temps immémoriaux » qui imprègne sa traversée de l'Afrique. « Un intense sentiment du déjà vu » l'accompagnait, dit-il, dans ses voyages sur le continent. En 1925, tandis qu'il marchait dans les plaines de l'Athi au Kenya, la signification cosmique de la conscience devint pour lui « irrésistiblement claire ». Les réflexions de Jung le ramènent à ce moment pivot, à cette pure illumination où il a contemplé la réalité de la psyché humaine.

DE NAÏROBI, NOUS AVONS PRIS UNE PETITE FORD pour visiter les plaines de l'Athi, une grande réserve animalière. Du haut d'une petite colline dans cette vaste savane, un panorama magnifique s'offrait à nous. À perte de vue jusqu'à l'horizon nous voyions de gigantesques troupeaux d'animaux : gazelles, antilopes, gnous, zèbres, phacochères, etc. Paissant, balançant leurs têtes, les troupeaux avançaient comme des fleuves tranquilles. Il n'y avait pratiquement aucun bruit hormis le cri mélancolique d'un oiseau de proie. C'était le calme du commencement éternel, le monde tel qu'il avait toujours été, dans un état de non-être ; car jusque-là personne n'avait été présent pour savoir que c'était ce monde. Je me suis éloigné de mes compagnons jusqu'à les perdre de vue et j'ai savouré l'impression d'être entièrement seul. J'étais là alors, le premier être humain à reconnaître que c'était le monde, mais qui ne savait pas en ce moment qu'il l'avait d'abord véritablement créé.

Là, la signification cosmique de la conscience est devenue irrésistiblement claire pour moi... L'homme est indispensable à l'accomplissement de la création. Il est en fait le second créateur du monde, qui seul a donné au monde son existence objective – sans laquelle, ignoré, inaperçu, mangeant silencieusement, engendrant, mourant, balançant la tête pendant des centaines de millions d'années, il aurait continué dans la nuit profonde du non-être jusqu'à sa fin inconnue. La conscience humaine a créé l'existence objective et le sens, et l'homme a ainsi trouvé sa place indispensable dans le grand processus de l'être [6].

La nature de Bouddha

Dans une interview en 1984, le Vénérable Tara Tulku, Rimpoche, l'un des derniers moines à avoir reçu une formation bouddhique complète dans son Tibet natal avant la catastrophique invasion chinoise de 1959, évoque la nature intrinsèque du sacré et sa relation avec le lieu. La manière dont la terre devient sainte est ici envisagée dans le contexte de la métamorphose du Bouddha Sakyamuni à Bodhgaya, le Lieu immuable près de Gaya dans la plaine du Gange au nord-est de l'Inde.

L'ENDROIT LUI-MÊME, SOUS L'ARBRE BODHI à Bodhgaya, a aussi été transformé. C'est devenu un lieu de diamant, un lieu *vajra*, un lieu extrêmement sacré. Pourquoi est-il sacré ? Parce que l'expérience de l'illumination parfaite et sans pareille qui a transformé Bouddha l'a tout spécialement béni. Certains pensent même que si vous vous tenez à cet endroit et que vous prononcez le vœu du Bodhisattva ou que vous priez pour atteindre la Bouddhéité pour le bénéfice de tous les êtres, alors par le seul pouvoir de ce lieu, vous ne renaîtrez jamais sous une forme inférieure. Et si vous méditez là, si vous récitez des prières et si vous étudiez, le lieu a le pouvoir particulier d'aider l'esprit à accéder à la réalisation. C'est un lieu de lumière et de béatitude. C'est parce que c'est l'endroit où Sakyamuni a réalisé le corps spécial de Bouddha, un corps qui n'est que béatitude et joie et qui ne souffre jamais. Il s'est aussi servi de ce lieu comme d'une base pour percevoir que tous les lieux sont indivisibles du ciel suprême des quatre royaumes. Et parce que ce lieu était la base à partir de laquelle il a réenvisagé toute réalité comme le ciel suprême, il est extrêmement sacré...

Bodhgaya possède un grand pouvoir qui lui a été communiqué par une personne dont l'accomplissement était éternel, au sens où le futur était présent. Cela perdure. C'est pourquoi, si l'on s'y rend avec une intense perception de ce moment, comme si l'on n'en était pas séparé, comme si ce n'était pas le passé, alors ce pouvoir est encore beaucoup plus grand. Mais même si quelqu'un s'y promène sans songer à son importance, Bodhgaya a un très grand pouvoir. Beaucoup de gens l'on remarqué...

Mes expériences à Bodhgaya... ont été très puissantes – J'ai prié, j'ai médité, j'ai accompli des cérémonies. L'atmosphère immensément paisible de Bodhgaya a eu un grand effet sur moi. Cela a contribué à mon propre sentiment de paix...

Peu importe la religion des gens s'ils viennent avec l'esprit ouvert, s'ils cherchent la vérité. Dans ce cas, il est extrêmement méritoire de se rendre dans les sites sacrés de n'importe quelle religion [7].

Un des anachorètes dit ceci à ses frères à Rhaithou [au Sinaï], le lieu où il y avait soixante-dix palmiers et où Moïse s'était arrêté avec son peuple quand ils avaient quitté la terre d'Égypte. Il parla ainsi : « J'ai pensé que j'irais dans le désert pour voir si je pourrais trouver quelqu'un qui vivait là avant moi et servait notre Seigneur le Christ. Après avoir voyagé pendant quatre jours et quatre nuits, j'ai trouvé une caverne. En m'approchant, j'ai regardé à l'intérieur et j'ai vu un homme assis. Alors j'ai frappé, selon la coutume des moines, pour qu'il sorte m'accueillir. Il n'a pas bougé, car en fait il était mort. Ignorant de cela, je suis entré et j'ai touché son épaule, et comme je le faisais, il est tombé en poussière. J'ai vu sa tunique, et quand je l'ai touchée, elle aussi a disparu. J'étais désemparé, et je suis parti. Alors j'ai trouvé une autre caverne et une empreinte de pas humain. L'espoir m'est revenu, et je me suis approché de la caverne. J'ai frappé à nouveau, et personne n'a répondu ; quand je suis entré, je n'ai trouvé personne. Alors je suis resté à l'extérieur et j'ai pensé : « Le serviteur de Dieu doit venir, où qu'il puisse être. » À la fin de la journée, j'ai vu venir des antilopes et le serviteur de

Dieu, qui était nu. Il avait couvert les parties inconvenantes de son corps avec ses cheveux. Comme il approchait près de moi, il a pensé que j'étais un esprit, et s'est arrêté pour prier : il était, il me l'a dit plus tard, grandement éprouvé par les esprits. J'ai compris cela, et je lui ai dit : « Je suis un homme, serviteur de Dieu. Vois mes traces de pas, et touche-moi, je suis de chair et de sang. » Après avoir dit « Amen » il m'a regardé et a été rassuré. M'emmenant dans la grotte, il a dit : « Qu'est-ce qui t'amène ici ? » J'ai dit : « Je suis venu dans ce désert pour chercher les serviteurs de Dieu. Et je n'ai pas été déçu dans mon vœu. »

Le Monde des Pères du Désert [8].

Photographe et architecte, Thomas Miller médite sur l'ineffable héritage du plateau du Colorado dans le haut désert du Sud-Ouest américain. Faisant vibrer les cordes mystiques de la mémoire pour sonder le sens du désert à l'extérieur et à l'intérieur, Miller suggère que « la peau de la terre est peut-être une muse qui nous inspire plus que nous ne le pensons ».

LE PLATEAU EST DÉLIMITÉ par des failles précambriennes vieilles d'un demi-milliard d'années. C'est un microcosme qui présente tout ce que l'écorce terrestre peut avoir d'extraordinaire. Pour moi, c'est aussi un paysage de l'esprit et des sens. Ici, dans une profonde solitude, je vois souvent des choses inattendues et il me vient des pensées inattendues...

J'ai pris conscience d'une communication entre moi et cette peau du désert et j'ai l'impression que je choisissais moins mes sujets qu'eux-mêmes ne me choisissaient...

Ce genre de pensées accompagnait un sentiment d'étrange familiarité. J'ai souvent eu le sentiment de regarder des formes qui sont de bonnes ébauches des oripeaux de la civilisation humaine. L'histoire de l'art se trouve ici, de la sculpture figurative à l'impressionnisme abstrait. D'immenses et silencieuses cités de pyramides, de ziggourats, de temples et de cathédrales se dressent à côté des murs, des arches et des dômes, pour retracer l'histoire architecturale. Les mathématiques, de la géométrie euclidienne aux réseaux et ensembles d'un ordre plus élevé, peuvent aussi être discernées. Les marques naturelles sur la pierre suggèrent le langage écrit. En regardant plus loin, on peut voir une roue, un engrenage, une lame de couteau... Notre espèce a-t-elle reçu à la naissance une épure naturelle des inventions humaines ? De l'histoire humaine ? Avons-nous consacré les dix derniers milliers d'années (un épisode relativement bref dans notre passé) à mettre en œuvre ce plan en créant les fermes, les villes et autres accessoires de la civilisation qui nous isolent si efficacement du paysage de nos origines [9] ?

zards amoureux

La baleine, comme toutes les choses puissantes, porte un masque pour le monde ordinaire.

HERMAN MELVILLE (1819-1891) [10].

Nul individu à l'esprit impartial ne peut étudier une quelconque créature vivante, si humble soit-elle, sans être enthousiasmé par sa structure et ses caractéristiques admirables.

CHARLES DARWIN (1809-1882) [11].

Charles Darwin et Herman Melville ne se sont jamais rencontrés. Cela n'a pas empêché Barbara Novak, romancière et historienne de l'art de construire ingénieusement une conversation qui pourrait avoir eu lieu en juxtaposant leurs réflexions dans son livre admirable, *The Ape & The Whale*. Par le jeu des regards croisés qu'ils portent sur l'univers, l'immortalité, la nature, le Créateur et leur propre œuvre, et qui s'éclairent mutuellement, le dialogue ainsi créé est une pièce de théâtre fascinante. C'est aussi une éloquente méditation sur les grands thèmes qui ont préoccupé l'espèce humaine depuis des temps immémoriaux à travers les visions de deux génies du XIXe siècle, un scientifique et un artiste. Darwin et Melville ont tous deux fait le voyage aux Galápagos ; leurs explorations se sont presque chevauchées : Darwin en 1835 et Melville en 1841. Chacun fut fasciné, hypnotisé même, par les énormes tortues des îles « à l'allure antédiluvienne ». « Elles ne semblaient guère être issues de la semence de la terre », écrivit Melville.

MELVILLE :

CES CRÉATURES MYSTIQUES, transférées soudain en pleine nuit des solitudes indicibles à notre pont peuplé, m'affectaient d'une manière qu'il n'est pas facile d'exprimer. Elles semblaient sortir en rampant de sous les fondements du monde. Oui, elles semblaient être ces mêmes tortues sur lesquelles les hindous font reposer le globe tout entier. À l'aide d'une lanterne je les inspectais de plus près. Cet aspect si vénérable ! Ce vert cilié qui recouvrait les rudes écorces et cicatrisait les fissures de leurs carapaces fracassées. Je ne voyais plus trois tortues. Elles se dilataient... se transfiguraient. Il me semblait voir trois Colisées romains dans une magnifique décadence.

Vous, les plus anciens habitants de cette île ou de n'importe quelle autre, dis-je, je vous en prie, donnez-moi la liberté de vos villes aux triples enceintes.

Ces créatures inspiraient une puissante impression d'âge : une endurance éternelle, infinie. Et, en fait, on ne me fera pas croire aisément qu'une autre créature puisse vivre et respirer aussi longtemps que la tortues des Encantadas. Pour ne rien dire de son aptitude reconnue à survivre sans nourriture pendant une année entière, songez à cette armure invincible, faite de leur tissu vivant. Quel autre être physique possède une telle citadelle pour résister aux assauts du Temps ?

DARWIN :

LA TORTUE APPRÉCIE BEAUCOUP l'eau, buvant de grandes quantités et s'enfonçant dans la vase. Seules les îles plus grandes possèdent des sources, qui sont toujours situées dans la région centrale et à une hauteur considérable. Les tortues, qui fréquentent les parties plus basses, sont donc obligées de parcourir de longues distances quand elles ont soif. C'est ainsi que de larges sentiers bien marqués partent des puits et s'étendent dans toutes les directions vers les côtes. En les suivant, les Espagnols purent découvrir les points d'eau. Quand j'ai débarqué à Chatham Island, je ne pouvais imaginer quel animal empruntait si méthodiquement des sentiers bien définis. Près des sources, c'était un curieux spectacle que de contempler nombre de ces énormes créatures, une partie s'avançant avidement le cou tendu et les autres repartant, après avoir bu tout leur soûl. Quand la tortue arrive à la source, sans se soucier le moins du monde de la présence d'un quelconque spectateur, elle plonge sa tête dans l'eau jusqu'au-dessus des yeux et avale goulûment de grandes gorgées, au rythme d'une dizaine par minute [12].

Les hindous racontent l'histoire d'une femme, une ascète, qui vint un jour visiter un temple particulier dans le sud de l'Inde. Épuisée par une longue marche, elle décida de s'étendre sous un arbre près de l'entrée du temple. Tandis qu'elle se reposait, l'un des prêtres à l'intérieur fut choqué de voir la femme couchée avec les pieds face au temple, dans une attitude qu'il considérait comme très irrespectueuse pour la divinité. Quand il lui fit remarquer son sacrilège, elle répondit : « Mon bon seigneur, apprenez-moi s'il vous plaît où Dieu ne se trouve pas, et je me ferai un plaisir de placer mes pieds dans cette direction. »

RAPPORTÉ PAR CLIVE JAMES,
DANS SON ANTHOLOGIE *VEDANTA* [13].

« L'ensemble est vraiment... une vision belle et sainte [14] », écrit le moine trappiste Thomas Merton dans son *Asian Journal*, racontant sa visite à Polonnaruwa au Sri Lanka où se trouvent les grands bouddhas de pierre, debout et allongés. « Ceux qui ont sculpté ces statues n'étaient pas des hommes ordinaires », dit à Merton un collègue indien tandis que le moine de Gethsemani tentait d'expliquer ses impressions sur ce sanctuaire du XIIe siècle construit par un roi cinghalais [15].

JE PUIS APPROCHER LES BOUDDHAS pieds nus et tranquille, mes pieds dans l'herbe humide, dans le sable humide. Puis c'est le silence de ces extraordinaires visages. Ces grands sourires. Énormes et cependant subtils. Remplis de toutes les possibilités, ne doutant de rien, sachant tout, ne rejetant rien, la paix non de la résignation émotionnelle mais du Madhyamika, de sunyata [le vide, l'ouverture], qui a été au bout de toutes les questions sans essayer de discréditer qui ou quoi que ce soit... J'étais frappé par une vague de soulagement et de gratitude devant l'évidente clarté des silhouettes, la clarté et la fluidité des formes et des lignes, le dessin des corps monumentaux composés dans la forme du roc et le paysage, la silhouette, la roche et l'arbre...

En regardant ces statues, je fus soudain, presque de force, dépouillé de la vision habituelle des choses, un peu contrainte, et une limpidité intérieure, une clarté, devinrent évidentes et manifestes comme si elles explosaient des rochers eux-mêmes... La roche, tout entière, toute vie, est chargée de dharmakaya [la vraie nature du Bouddha, l'essence de l'univers]... tout est vide et tout est compassion. J'ignore si dans ma vie j'ai jamais éprouvé un tel sentiment de beauté et de valeur spirituelle accompagnant une illumination esthétique... Je ne sais ce qu'il reste d'autre mais j'ai maintenant vu, j'ai traversé la surface et je suis allé au-delà de l'ombre et du déguisement [16].

Lingam cornique

Thomas Merton rapporte une expérience comparable à celle de Polonnaruwa après sa visite à Mahabalipuram – un complexe de mausolées creusés dans la pierre, de rocs monolithiques sculptés en bas-relief, et de temples aux allures de pagodes qui s'étirent jusque dans la mer – construit par les rois Pallava (600-750) près de Madras dans le sud de l'Inde. Dans une allocution lors d'une conférence réunissant à Calcutta plusieurs religions, Merton a expliqué la motivation de son voyage en Asie : « Je suis venu comme un pèlerin... pour m'abreuver aux anciennes sources de la vision et de l'expérience monastiques [17]. »

J'AI VU LE LINGAM DE SHIVA [forme phallique représentant la fonction créatrice divine de Shiva, une incarnation de l'énergie cosmique éternelle] à Mahabalipuram, qui se dressait noir et solitaire au bord de l'océan, baigné par les embruns des grandes vagues se brisant sur les rochers.

Il se dresse comme un phare, des écumes nocturnes
Autour de sa base, sa lumière obscure roule
Dans l'obscurité, et revient obscurément.
Appelle-t-il le solitaire ? Son profond
Silence est-il lourd de semonces ?

Il n'y a pas de « problème », toutefois, dans le lingam noir. Il est baigné par la mer, et la mer est femme : ni vide, ni doute. Pas d'angoisse anglaise à Mahabalipuram. Pourtant la stance du « phare » écrite par Lawrence [D. H.] évoque admirablement ce lingam sur la pointe rocheuse !

Mahabalipuram est ce qu'il reste d'une culture comme je n'en ai jamais vue avant. Un complexe de mausolées creusés ou construits dans une grande et ancienne formation rocheuse – non pas des falaises, mais des affleurements bas, des blocs erratiques, polis et modelés par des millions d'années. Des cavernes, des porches, des formes, des escaliers, des marches, des lignes de trous, des dieux et des déesses...

Sûrement, avec Mahabalipuram et Polonnaruwa, mon pèlerinage asiatique est devenu limpide et s'est purifié. Je veux dire que je sais et que j'ai vu ce que je cherchais obscurément [18].

Dans leur fascinante évocation d'un homme et d'un arbre – l'étonnant Allen Meredith et son cher if – Anand Chetan et Diane Brueton redécouvrent à travers l'œuvre de Meredith l'influence de l'if sur la construction des sites mégalithiques vers 2800 avant J.-C.

UNE LARGE PART DU SUCCÈS DE L'IF [en tant qu'espèce] doit résider dans son extraordinaire aptitude à se régénérer. Livré à lui-même pendant des millénaires, ses branches s'enracinent dans la terre, produisant des cercles toujours plus larges de nouveaux arbres et formant ce qui a dû apparaître aux yeux des peuples primitifs comme de vastes cathédrales naturelles – les bois sacrés. Ces sanctuaires, qui restaient verts pendant toute la durée du long hiver, étaient tout à la fois le lieu et l'objet des plus anciens cultes humains. Allen pense que quand nos ancêtres préhistoriques ont édifié des sites sacrés comme Stonehenge et non loin de là Woodhenge, formé de cercles de poteaux concentriques, le plan circulaire était déterminé au moins en partie par un désir de recréer le bois d'ifs [19].

« Même un musulman moderne éprouve au plus profond de son cœur un sentiment de paix et de joie, et même une sorte "d'assurance" psychologique lorsqu'il est assis sur un tapis traditionnel, qu'il contemple une calligraphie, ou qu'il écoute une poésie classique dans sa langue, pour ne rien dire de la psalmodie coranique ou de la prière au sein de l'un des chefs-d'œuvre de l'architecture islamique », écrit l'éminent professeur et spécialiste de l'islam Seyyed Hossein Nasr [20]. En fait, l'art sacré islamique représente pour Nasr « une descente sur terre de la réalité céleste ». Cela va de la musique, de l'architecture et de la littérature traditionnelles aux miniatures, en passant par la poterie et les arabesques. Le professeur Nasr nous donne un exemple parmi d'autres de cette riche variété de formes, de couleurs et de sons qui « servent de véhicules pour accéder à cette Vérité (*al-Haqq*) qui est à la fois Majesté (*al-Jalal*) et Beauté (*al-Jamal*) [21] ».

LA SANCTIFICATION DU SOL par l'acte même de *sujud* [prostration] du Prophète... confère un sens nouveau à la terre et au tapis qui la recouvre. Le tapis, qu'il soit d'une simple couleur blanche ou couvert de motifs géométriques, d'arabesques et d'ornements, reflète le Ciel et permet au musulman traditionnel qui passe une grande part de son temps à la maison sur son tapis de ressentir le sol où il est assis comme purifié et participant au caractère sacré du sol de la mosquée où il prie...

Le tapis traditionnel est le reflet terrestre du cosmos lui-même. Être assis dessus, c'est se situer dans une enceinte sacrée, protégé par ses bordures et souvent tourné vers l'intérieur, vers le centre où convergent tous les motifs [22]...

Elfes dans les arbres

Rina Swentzell, historienne de l'architecture Tewa, de Santa Clara Pueblo au Nouveau-Mexique, décrit la nature de l'espace sacré dans la société des Indiens Pueblos. C'est un univers interdimensionnel où tout s'entremêle dans une vaste fusion.

JE ME TENAIS L'ÉTÉ DERNIER au sommet d'une des montagnes sacrées de Santa Clara Pueblo, très impressionnée par le vent, la beauté des nuages et les collines qui ondulaient en bas. Il y a un sanctuaire au-dessus de cette montagne avec quelques pierres bien placées qui délimitent une aire parsemée de farine de maïs et un sentier profondément creusé dans la roche. Nulle structure particulière ne célèbre le caractère sacré de cet endroit. Du point de vue architectural, c'est un lieu modeste qui passe presque inaperçu. Ce sanctuaire est caractéristique des sanctuaires pueblos en ce qu'il est visuellement décevant. C'est néanmoins un lieu très spécial, car c'est un accès au monde souterrain d'où a émergé le peuple pueblo. C'est une porte de communication entre les nombreux niveaux simultanés de l'existence des Pueblos.

Il est important d'avoir à l'esprit le minimalisme visuel de ce sanctuaire pour bien comprendre l'espace sacré des Pueblos. Les sanctuaires visuellement et physiquement minimisés, ou d'ailleurs la communauté et la forme des habitations pueblos, dérivent de la nature même de la cosmologie pueblo. Au centre du système de croyance pueblo, il y a la conviction que les personnes ne sont pas séparées de la nature et des forces naturelles. Cette connexion indissoluble avec la nature existe depuis la nuit des temps. Le but de l'existence humaine est de préserver l'intégralité ou l'unité avec l'univers naturel [23].

Pierre aux souhaits

Les anciens textes traditionnels que l'on appelle Lontar, écrits en vieux balinais et en vieux javanais, dont on affirme qu'ils sont à l'origine de la littérature sanskrite, démontrent combien les univers physiques et métaphysiques se confondent. À la mort, par exemple, le corps – composé des éléments terre, air, eau et feu – rejoint ses points d'origine correspondants. L'âme, pour sa part, se réincarnera ou se fondra dans l'âme éternelle. Les manuscrits en feuille de palmier (feuilles séchées traitées et reliées) reflètent la réciprocité de toute vie, le corps étant le microcosme, le temple ultime. Ils précisent aussi la place et la composition de l'individu dans la structure organique de l'univers.

- Le corps physique (*badan*) retourne à la terre,
- les poils (*bulu*) au buisson,
- la peau (*kulit*) à la terre,
- les muscles (*daging*) à l'argile,
- les tendons (*otot*) aux branches de la végétation,
- la colonne vertébrale (*sam-sam*) à l'axe de la terre,
- les yeux (*mata*) au soleil ou à la lune,
- la tête (*kepala*) au ciel,
- la force de vie ou pouvoir vital (*bayu*) au vent,
- la voix (*soara*) au tonnerre,
- le foie (*hati*) au feu,
- le cœur (*jantung*) à la montagne,
- les poumons (*paru-paru*) aux nuages rouges dans le ciel,
- les entrailles (*usus*) au rayons du soleil,
- les reins (*ungsilan*) à la pierre,
- la rate (*limpa*) au lac miroitant,

- les tissus des entrailles (*dujaringan*) à la pluie,
- la bile (*ampu*) à l'énergie ou pouvoir,
- les intestins (*ineban*) à l'océan,
- l'estomac (*perut*) au cratère,
- les cheveux (*rambut*) à la rosée,
- les organes sexuels (*kemalwar*) au Dieu et à la Déesse de l'Amour Hyang Semare et Hyang Semari,
- les spermatozoïdes (*kama*) à leurs origines divines, Brahma, Vishnu et Shiva,
- les sens (*rasa*) au sel [24].

Nu langoureux

En 1869, le major J. Wesley Powell, un géologue qui avait perdu un bras à la guerre de Sécession, descendit les canyons inconnus de Green River, de Grand River et du Colorado (dans l'Utah, le Colorado et l'Arizona), calé dans un siège fixé sur le pont d'une petite embarcation. Bravant les dangers des rapides, où l'eau tourbillonnait avec une violence étourdissante, la température qui passait d'un extrême à l'autre, quitte à y perdre la vie, il allait laisser des écrits où il parle de la nécessité de la nature sauvage pour l'épanouissement de l'esprit humain. Powell connaissait les gorges secrètes du Grand Canyon – dans leur terreur et leur exaltation du divin. C'était un don qu'il fallait mériter.

LES SPLENDEURS ET LES BEAUTÉS DES FORMES, des couleurs et des sons s'unissent dans le Grand Canyon – des formes que les montagnes elles-mêmes ne peuvent surpasser, des couleurs qui rivalisent avec celles des couchers de soleil, des sons qui vont du hurlement de la tempête au tintement de la pluie, de la cataracte au bruissement de la source…

On ne peut embrasser le Grand Canyon d'un seul regard, comme un spectacle immuable sur lequel on lèverait un rideau. Pour le voir, il faut peiner des mois et des mois dans ces labyrinthes. C'est une région plus difficile à traverser que les Alpes ou l'Himalaya, mais si l'on a assez de force et de courage, au bout d'un an de souffrances on peut se faire une idée du sublime qui ne sera jamais égalée de ce côté-ci du Paradis [25].

Chun Quoit

Dans son récit d'une quête, d'un voyage « vers une dimension plus large pour l'existence humaine », le poète, homme politique et romancier ghanéen Kofi Awoonor nous emmène jusqu'au centre sacré de son peuple, les Anlo-Ewe du Ghana en Afrique occidentale. La nature et le mystère de ce lieu spirituel ont, dès son premier éveil, servi de fondement social et religieux à la vie passionnante d'Awoonor.

MA MÈRE M'A RACONTÉ L'HISTOIRE de ma naissance : comment, pendant une longue et inquiétante période, je n'ai pas émis le moindre son ni donné signe de vie. Une vieille femme, guérisseuse accomplie, fut appelée. On m'emmena en grande hâte au sanctuaire ancestral de la famille, *Togbuizikpuixo* à Weta, dans la région de la Volta, au sud du Ghana. C'est là que je suis venu à la vie.

Ce sanctuaire existe toujours ; c'est un refuge spirituel pour les centaines de personnes avec qui je partage une ascendance commune. Le mystère qu'il évoque, son pouvoir et son rôle dans les vies des membres de la famille, et notamment la mienne, constituent le principal foyer de notre conscience religieuse collective. Autour de ce sanctuaire, on a construit un ensemble de lois morales immuables, de tabous, de rituels et de cérémonies. Il est le commencement et la fin, le point de départ et le lieu de retour pour beaucoup d'entre nous.

Le sanctuaire a pendant de nombreuses années été au centre de ma vie. J'y suis retourné pendant mes premières années d'école, accroché aux vêtements de ma mère, et savourant les repas que nous partagions avec les illustres ancêtres. J'y suis allé à la veille de longs voyages, et au retour je suis revenu saluer et remercier les ancêtres avec l'indispensable bélier et les boissons.

Le sanctuaire est une simple construction, jadis en terre, avec un toit d'*ebe*, l'herbe des marais que l'on continue à utiliser dans tout le Ghana pour recouvrir les maisons. Il est aujourd'hui rebâti en ciment avec un toit d'aluminium. Ma famille est rattachée à ce sanctuaire en ligne maternelle directe.

Chez les Anlo-Ewe, comme pour beaucoup de peuples africains, le culte des ancêtres fait partie du système religieux. Les morts assument une responsabilité pour ceux qu'ils ont laissés derrière eux. Surtout, ils sont en contact direct avec toutes les forces spirituelles supérieures de l'univers, et donc avec l'Être Suprême Lui/Elle-même. Ils font office d'intermédiaires, d'intervenants et d'interprètes entre les vivants à qui ils restent liés par le sang et les forces spirituelles dont ils partagent le monde.

Les ancêtres sont donc invoqués pour toutes les occasions importantes. Le sanctuaire sert de point focal à la vie religieuse du clan et de la famille. Chaque membre du clan, à la veille d'un voyage particulier ou d'une entreprise importante – qu'il s'agisse de préparer et de planter une nouvelle exploitation agricole ou de démarrer une nouvelle affaire –, peut aller trouver le prêtre gardien du sanctuaire (qui est mon oncle maternel) et demander que « les portes soient ouvertes pour lui ». Le suppliant apporte avec lui un jeune bélier, un assortiment de boissons, dont obligatoirement une sorte de gin local, quelques mètres de calicot blanc et parfois un peu d'argent.

À l'aube du jour que le prêtre gardien du sanctuaire assigne au suppliant, de nombreux membres de la famille et du clan se rassemblent pour la cérémonie. Les divers articles requis sont préparés. Le bélier est abattu et sa carcasse, encore dégoulinante de sang, est présentée au-dessus des effigies des ancêtres par le prêtre gardien.

La carcasse est coupée en morceaux, et un plat spécial est préparé avec de la semoule de maïs fraîchement séchée que l'on mange avec la viande. Le suppliant est alors invité à pénétrer dans le sanctuaire, marchant à reculons, sans autres habits que ses sous-vêtements. Il s'agenouille devant la plate-forme où sont disposées les effigies des ancêtres. Le prêtre gardien présente alors le suppliant et la raison pour laquelle il a demandé que « les portes soient ouvertes pour lui ». Puis il demande au suppliant d'exposer lui-même sa cause. Et ce dernier partage le plat avec les ancêtres.

Dehors, le festin a déjà commencé. Les enfants, les anciens, chaque membre du clan vient chercher sa part du repas sacré. C'est une occasion de se rassembler dans la convivialité, le partage et les rires. La boisson coule à flots. Quelques anciens terminent la fête proprement ivres. Vers midi, tout est terminé. Le suppliant et son entourage sont autorisés à partir. L'année suivante, si la récolte est bonne, le suppliant reviendra avec d'abondantes offrandes. Les gens ne vont pas seulement au sanctuaire pour demander. Ils viennent aussi remercier.

Il est fascinant de constater la foi profonde et la confiance que chaque membre de la famille ou du clan place dans la puissance de ce sanctuaire. Par son pouvoir d'intervention, de guérison et de protection, ce sanctuaire demeure l'un des centres spirituels les plus actifs de ma ville de Weta. J'entretiens avec lui des relations privilégiées car il a été successivement placé sous la garde de trois de mes oncles maternels [26].

Tête d'Indien

Les Indiens de Manhattan étaient ici bien avant les buildings et ils seront ici longtemps après que les buildings auront disparu… Je pense toujours, quand vous voyez cet Indien au visage de pierre, que ce qu'il a en tête, c'est quelque chose de vraiment drôle qu'il vient d'entendre.

Oren Lyons, gardien de la foi
du Clan de la Tortue de la nation Onondaga [27].

Matsuo Bashō relate une révélation qu'il a vécue au cœur d'un sanctuaire rocheux près du sommet d'une montagne à Yamagata dans le nord du Japon.

IL Y AVAIT LÀ UN TEMPLE appelé Ryushakuji, dans la province de Yamagata. Fondé par le grand prêtre Jikaku [en 860], ce temple était célèbre pour la tranquillité absolue de son enceinte sacrée. Puisque tout le monde m'avait conseillé de le voir, j'ai changé d'itinéraire à Obanazawa et j'y suis allé, bien qu'il me fallût pour cela marcher sept milles de plus environ. Quand je suis arrivé, le soleil de la fin d'après-midi s'attardait encore dans le ciel. Après avoir obtenu l'hospitalité des moines au pied de la montagne, je suis monté au temple situé près du sommet. La montagne tout entière se composait de rochers massifs entassés les uns sur les autres et recouverts de vieux pins et de chênes. Le sol de pierre avait lui-même la couleur de l'éternité, pavé d'une mousse veloutée. Les portes des sanctuaires construits sur les rochers étaient fermées par de solides barreaux et il n'y avait pas un bruit. Comme je m'avançais à quatre pattes, en m'inclinant avec révérence devant chaque sanctuaire, j'ai senti le pouvoir purifiant de cet environnement saint qui pénétrait dans tout mon être [28].

e congrégation d'esprits animaux

Entre 460 et 465 a commencé l'édification d'une série de sculptures spectaculaires qui se dressaient dans un chaos de formes et de proportions, dans un flamboiement de couleurs : un trésor architectural et spirituel que rien ou presque n'a pu surpasser. À Yunkang dans le Shanxi, près de la capitale des Wei du Nord à Datong, cinq temples rupestres richement ornementés furent taillés à même la roche d'une falaise de grès en commémoration des premiers rois de la dynastie Wei qui dirigea une grande partie de la Chine du Nord de 385 à 534. Dans les trente années qui suivirent, de nombreux temples rupestres furent construits. Une quarantaine d'entre eux subsistent à ce jour, mais ce sont les vingt premiers qui frappent le plus. Ils témoignent des incursions préliminaires du bouddhisme dans le nord de la Chine, avec ses ornements artistiques qui caractérisent l'iconographie bouddhique. Les dimensions colossales de certaines des sculptures – dont la hauteur varie entre trois et quinze mètres environ – les rangent dans une classe à part. Le moine bouddhiste John Blofeld décrit cette étourdissante congrégation de bouddhas et de bodhisattvas, de musiciens célestes, ces essaims de messagers ailés, et les innombrables divinités aux multiples têtes, bras et jambes qu'il a rencontrés lors d'un de ses pèlerinages dans le nord de la Chine au début de ce siècle. Rien de ce qu'il connaissait en Chine ne pouvait selon lui surpasser les sculptures rocheuses de Yunkang « dans leur évocation de la certitude absolue d'une réalité merveilleuse et éternelle qui sous-tend le monde des apparences [29] ».

LES GROTTES DE YUNKANG... font partie de ces rares endroits dans le monde qui ne peuvent décevoir même les attentes les plus extravagantes. On pense aujourd'hui que le bouddhisme a commencé à s'infiltrer en Chine dès le IIe siècle avant Jésus-Christ. À l'époque où ces temples rupestres furent creusés dans le roc vif, aux Ve, VIe et VIIe siècles après Jésus-Christ, la religion indienne se répandait dans toute l'Asie comme une flamme brillante. Les hommes qui entrèrent en contact avec elle étaient inspirés et soulevés par une vague spirituelle comparable à celle qui a conduit à l'édification des plus belles cathédrales d'Europe... Dans chaque grotte, la principale statue de Bouddha (creusée à même la roche sur trois ou quatre côtés) est si énorme que, dans un cas au moins, j'ai estimé que le nez seul était deux fois plus grand que mon mètre quatre-vingts – peut-êtrc beaucoup plus encore, car il est difficile d'évaluer la longueur de ce qui se trouve loin au-dessus de notre tête...

La hauteur vertigineuse de ces statues frappe l'esprit de stupeur dès qu'on pénètre dans les grottes ; mais, bien vite, cet étonnement est repoussé au second plan par la beauté encore plus saisissante des sculptures, notamment des milliers de petits personnages qui entourent les statues géantes. Pendant des siècles, ces grandes statues ont médité dans le silence sur les souffrances humaines, un léger sourire de compassion sur les lèvres – dans le silence, mais non dans la solitude. Les parois et les voûtes de chaque grotte sont un enchevêtrement de sculptures. Des bouddhas, des bodhisattvas, des devas, des asparas [messagers ailés], une multitude d'êtres spirituels – des milliers et des milliers dans chaque grotte – baissent les yeux vers les chétifs descendants de leurs créateurs inspirés. Certaines sculptures reflètent le calme enveloppant des statues centrales ; d'autres courent, bondissent, volent, dansent, chantent, pincent les cordes d'instruments de musique, soufflent dans des trompes, agitent les bras, battent des ailes, font des grimaces, se tordent de rire de façon si réaliste qu'on a du mal à de pas les prendre pour des êtres vivants pétrifiés par quelque charme de magicien.

Je n'aurais jamais cru qu'une beauté inanimée puisse être aussi émouvante [30].

Matrice

Je cherche l'arbre grotte, un arbre que j'ai rencontré un jour par accident. Sous ce grand séquoia, il y a une petite chambre souterraine assez grande pour s'y tenir debout. Il est facile de manquer l'entrée. De loin, l'arbre paraît aussi ferme sur sa base que n'importe quel autre. Je brûle de me blottir aujourd'hui dans ce creux secret pour me cacher de ce monde d'une violence absurde. Je veux m'enfoncer dans la terre et m'asseoir entre les racines d'un Géant. J'aspire au calme et à la sagesse des grottes.

STEPHANIE KAZA [31].

Dans le nord de l'Australie, James Cowan tomba par hasard sur une sculpture de sable aborigène qui suscita en lui un mouvement de la conscience et l'éleva vers une sphère plus lumineuse. Dans sa soif de sagesse, Cowan a parcouru de grandes distances. Le *djel*, une ancienne carte mythologique associée aux rites mortuaires n'était qu'une porte le long de son chemin – une voie métaphysique vers ce qu'il y a d'immortel en lui.

J'ÉTAIS FASCINÉ par la symétrie de ces arêtes de sable. Jamais auparavant, je n'avais rencontré nulle part une représentation aussi soignée d'une image qui dérivait manifestement d'un ordre de perception entièrement différent. Voyez-vous, la sculpture de sable participait de quelque chose que je ne pouvais que supposer *sublime*. Le parcours qu'elle explorait me rappela les mots de Dante quand il déclarait : « J'ai posé le pied dans cette partie de la vie au-delà de laquelle on ne peut aller sans laisser tout espoir de retour. » Là, dans le sable, je voyais une similitude frappante avec la progression du grand poète sur le mont Purgatoire dans sa quête du paradis. Comment pourrais-je vous décrire autrement les couloirs labyrinthiques, l'impression d'une *entrée* que faisait naître le *djel* ? J'aurais d'ailleurs pu m'y tromper et croire que ce que j'avais devant moi était le plan d'une pyramide de Saqqarah près de Memphis, avec ses tunnels étroits menant à la tombe sacrée de la momie. Mes amis Yolngu avaient construit un tracé pur, géomantique, dans le même esprit que quelques-uns des grands édifices mystiques de l'humanité. Je restais face à l'inévitable conclusion que ce peuple se trouvait en possession de l'archétype de tous les édifices mystiques dont nous avons hérité. Ce n'était sans doute pas un hasard si, dans chaque *djel* que je vis par la suite, le plan de Chartres, du Taj

Mahal, d'Angkor Wat, et même les hiéroglyphes sacrés égyptiens semblaient trouver leur prototype. Et quand plus tard j'ai étudié une sculpture de sable conçue par un autre membre du clan pour une cérémonie de purification après la mort d'un ami, j'ai compris que je voyais émerger sous mes yeux le hiéroglyphe égyptien *ankh*, qui veut dire « vie ».

J'ai vu une sculpture de sable pour une cérémonie de la fumée qui avait la forme d'une sépulture viking. Un autre *djel* que j'ai contemplé pour une cérémonie de purification reproduisait presque exactement une croix byzantine de la cathédrale de Cosenza. Ces formes dans le sable achevèrent de me persuader que je me trouvais en présence de configurations dont les origines étaient métaphysiques plutôt que psychologiques. Comme Dante, j'avais entrepris un voyage sans retour. Chaque *djel* était le reflet de l'*état* spirituel du défunt et devait garantir que le voyage entrepris par son esprit était en harmonie avec son existence totémique et sa vie au sein du clan avant sa mort.

Peut-être vous demanderez-vous où tout cela me mène ? Dans un état de stupéfaction, principalement ! C'est une chose d'aller marcher le long de la plage en quête de solitude ; c'en est une tout autre de se retrouver entouré des moments hiératiques qui jalonnent le parcours intérieur d'un homme. Nous contemplons avec révérence les bas-reliefs des tombeaux égyptiens ou les mandalas du Tibet, qui dépeignent les étapes transitoires du voyage d'une âme en partance pour l'autre monde, et bien sûr nous respectons leur dignité hiératique. Comme il est plus poignant encore de découvrir les mêmes motifs tracés dans le sable à vos pieds par des amis que vous connaissez ! Et de songer que la marée va bientôt les effacer et gommer ainsi ce qui avait été une expérience *intérieure.* Sans doute l'esprit n'est-il ni assez pur ni assez idolâtre pour briser les murs de sa tombe en un acte de transcendance. Sinon quel besoin y a-t-il de purifier rituellement le corps au centre d'une de ces sculptures de sable [32] ?

Stonehenge

Quand les Romains voulurent punir la désobéissance des Carthaginois en rasant leur cité de la terre, les citoyens de Carthage implorèrent leurs maîtres d'épargner la ville matérielle, ses pierres et ses temples, auxquels nulle culpabilité ne pouvait être reprochée, et, si nécessaire, d'exterminer plutôt la population entière.

YI-FU TUAN,
ÉCRIVAIN, AUTEUR D'OUVRAGES DE GÉOGRAPHIE CULTURELLE [33].

Les temples de pierre et les forteresses de montagne au Tibet dessinent un paysage qui « apparaît comme l'expression organique de forces primitives », écrit le lama Anagarika Govinda, lettré, peintre et guide spirituel bouddhiste, dans le récit autobiographique de ses années de quête et d'errance dans les régions inconnues au-delà de l'Himalaya. En 1933, comme il s'apprête à accomplir l'ultime ascension d'une passe de six mille mètres, il rencontre des manifestations ludiques et intemporelles de l'Œuvre divine.

EN FIN D'APRÈS-MIDI nous sommes arrivés à l'entrée d'une gorge où commençait la dernière ascension de la passe. Au pied d'un groupe de rochers déchiquetés, empilés les uns sur les autres à flanc de montagne, il semblait y avoir quelques masures de pierre dont on distinguait à peine les formes cubiques parmi les rochers entassés. Cependant, un étrange contraste naissait des innombrables *chortens* blanchis à la chaux, monuments religieux qui ont leur origine dans les anciens *stupas* de l'Inde, et qui consistent en une base cubique, un élément médian en forme d'hémisphère ou de vase, et une longue flèche conique faite de disques de brique rouge empilés, surmontée des symboles du soleil et de la lune.

Des millions de ces monuments sont disséminés dans tout le Tibet. On les trouve partout où des êtres humains vivent ou ont vécu, et même à l'entrée de passes dangereuses, de ponts suspendus de construction précaire, ou sur d'étranges formations rocheuses près des routes caravanières. Le grand nombre de *chortens* rassemblés ici, comme si les roches en avaient pris les formes par magie, indiquaient la proximité d'un temple ou d'un monastère. Comme j'avais entendu parler d'un très ancien monastère creusé dans le roc, situé dans l'une des gorges de ces montagnes, j'ai suivi le sentier qui passait entre les *chortens* et je me suis vite retrouvé dans un dédale d'énormes blocs erratiques et de hautes parois rocheuses...

Je grimpais à travers un labyrinthe de rochers et de constructions... Près de chaque entrée je remarquais de petites pyramides de pierre, couronnées chacune par une dalle en forme de plateau où l'on avait posé une petite pierre ronde. Je m'apprêtais à demander à l'un des hommes qui m'accompagnaient – l'autre était resté en arrière avec les chevaux – s'il s'agissait d'une sorte de *chorten* miniature, quand il souleva une des petites pierres rondes et la laissa retomber sur la dalle où il l'avait prise. La dalle émit un son clair et cristallin. Ainsi c'était la sonnette ! Je ne pouvais m'empêcher d'admirer l'ingéniosité de ces gens simples...

Un vieux lama au visage amical... m'accueillit avec une grande politesse. Je lui dis que j'étais un pèlerin venu d'un pays lointain et, voyant ma robe monastique, il ouvrit sans hésitation la lourde porte à la base du temple creusé dans le roc et me fit signe de le suivre.

Il me mena le long d'un escalier raide et obscur jusqu'à une vaste grotte. Les murs lisses étaient recouverts de fresques apparemment très anciennes. Dans la lueur douce d'une lampe sur l'autel, je pouvais voir la statue du grand apôtre du bouddhisme Padmasambhava, le fondateur de l'Ancienne École (Nying-ma-pa), à laquelle se rattachait ce monastère. L'image était flanquée de deux statues de Bodhisattvas et des deux principaux disciples de Padmasambhava, la princesse indienne Mandarava et l'incarnation tibétaine *Khadoma* [34].

*D*ans sa méditation sur le Coran (*The Heart of the Koran*) – la Révélation d'où sont issues toutes les dimensions de la civilisation musulmane et sa vie spirituelle –, Lex Hixon (1941-1995), écrivain, lettré et enseignant de l'islam mystique, décrit son pèlerinage à la ville sainte de La Mecque, en Arabie, pour accomplir les déambulations rituelles autour de la Ka'bah, l'édifice sacré, la Maison d'Allah – le centre d'inspiration et de pouvoir spirituel du monde islamique. Parmi d'autres compagnons, Hixon a accompli son voyage avec son ami et maître soufi Sheikh Muzaffer, Grand Sheikh, guide renommé de l'ordre des Derviches Halveti-Jerrahi, et propriétaire d'une petite boutique dans le bazar d'Istanbul. Pour une semaine, ils se joignirent à quelque trois millions d'autres musulmans venus de tous les coins de la planète pour le traditionnel et puissant sacrement du *hadjj* (pèlerinage) afin de se plonger dans le rayonnement purificateur de la Présence divine. L'expérience d'Hixon met en scène la fonction mystique du pèlerinage qui nous permet, écrit-il, « de vivre la mort et le jour de la Résurrection » tout en restant sur cette terre. En achevant une étape de son voyage, Hixon s'est immergé dans le paysage métaphysique de la terre sainte.

LA NUIT SUIVANTE nous avons accomplis notre troisième et dernier *Tawaf*, consistant en sept circumambulations autour de la Sainte Ka'bah. Au centre de l'immense cour de marbre blanc, à l'intérieur de la grande mosquée de La Mecque, se trouve la structure cubique, couverte de brocart noir, qui représente l'axe du monde. La tradition islamique nous rapporte que ce cube sacré fut édifié pour la première fois par le prophète Adam, et reconstruit après des millénaires par le prophète Abraham ; il fut ensuite restauré et à nouveau dédié au Dieu Unique par le prophète Muhammad. L'inspiration de ce vaste et puissant lignage prophétique irradie de manière tangible dans l'atmosphère.

Puisque la source toujours présente est sans forme, il n'y a aucune image à l'intérieur ou autour de ce sanctuaire. Son noir rayonnant symbolise le mystère sacré inimaginable. Le Rayonnement divin est ici trop intense pour être perçu comme une lumière. Le noir mystique est plus lumineux que ce qui existe sous la surface du soleil.

Perdus dans un tourbillon extatique de plusieurs centaines de milliers de formes humaines, nous sommes portés de plus en plus près, vers l'axe de tout ce qui Est, où la Transcendance divine croise notre dimension planétaire d'existence. Partout sur terre, des musulmans de toutes cultures se tournent vers ce centre du monde, la Sainte Ka'bah, pour leurs prières quotidiennes et transforment ainsi la planète entière en une mosquée sacrée.

Pieds nus sur le marbre frais, dans ces heures après minuit, nous sommes entraînés autour et autour de ce pôle de manifestation central. Il n'y a ni larmes, ni intuitions, ni visions. L'essence de la réalité révélée est ici trop transcendante pour être rendue dans le langage des sens, de l'esprit ou du cœur. Seule l'âme secrète sait ce qui est ici, cette réalité que ni les mots ni les perceptions ne peuvent exprimer. La vraie Ka'bah n'est rien d'autre que l'essence limpide de l'âme, le Muhammad de Lumière, le Logos, qui est simplement Allah connaissant Allah.

Après ce dernier *Tawaf*, nous sommes revenus, aussi purs que des enfants nouveau-nés, ă l'école en dehors de La Mecque où nous logions. Nous avons bu du thé, fait la prière de l'aube, avant de nous plonger dans le sommeil. J'ai rêvé pendant des heures que je répétais « *Ya Salaam, Ya Salaam, Ya Salaam* » – l'un des quatre-vingt-dix-neuf noms coraniques d'Allah qui signifie *Toi le Tout-Paisible*. En glissant dans le monde de l'éveil, je vis mes frères pèlerins endormis sur leur nattes autour de moi et je percevais clairement que la Paix divine ne descendait pas seulement sur moi, mais sur eux et sur le monde entier [35].

Otarie

Je choisis parfois de croire que l'homme est un rêve, la pensée une illusion, et que seul le roc est réel. Une croyance dans le roc et le soleil ? En quoi est-ce que je crois ? Je crois dans le soleil. Dans le roc. Dans le dogme du soleil et la doctrine du roc.

EDWARD ABBEY,
ANARCHISTE DU DÉSERT,
AUTEUR ET POLÉMISTE DU XXe SIÈCLE [36].

CATHÉDRALES À CIEL OUVERT

L'espace a un équivalent spirituel et peut guérir ce qui nous pèse et qui nous divise.

GRETEL EHRLICH,
POÈTE, ROMANCIÈRE ET « RANCHER » [1].

Les lieux sacrés sont les plus vraies des définitions de la terre. Ils représentent la terre de manière immédiate et définitive ; ils sont ses enseignes et ses boucliers. Si vous aspirez à connaître la terre pour ce qu'elle est réellement, découvrez-le par ses lieux sacrés.

N. SCOTT MOMADAY,
ROMANCIER ET PEINTRE KIOWA [2].

Cercle de Tregeseal

Le naturaliste idiosyncrasique Edward Abbey (1927-1989) affirme sans équivoque la valeur transcendante de la nature sauvage.

WILDERNESS. LE MOT EN SOI EST MUSIQUE.

Wilderness, wilderness... Nous savons à peine ce que nous entendons par ce terme, mais sa sonorité attire tous ceux dont les nerfs et les émotions n'ont pas encore été irréparablement abrutis, émoussés, engourdis par les sirènes du commerce, la ruée vers le profit et la domination.

Pourquoi tant de séduction dans le mot lui-même ? Que signifie-t-il réellement ? Peut-on définir la nature sauvage en termes officiels comme étant simplement : « Un minimum d'au moins 5 000 acres contigus qu'aucune route ne traverse » ? C'est peut-être essentiel pour tenter une définition, mais ce n'est pas suffisant ; il y entre quelque chose de plus.

Supposons qu'on dise que la nature sauvage évoque la nostalgie, une nostalgie justifiée et non purement sentimentale de l'Amérique perdue que nos aïeux ont connue. Le mot *wilderness* suggère le passé et l'inconnu, les entrailles de la terre dont nous sommes tous issus. Il désigne une chose perdue et une chose toujours présente, une chose lointaine et en même temps intime, une chose enfouie dans notre sang et dans nos nerfs, une chose au-delà de nous et sans limite. Du roman – mais qu'il ne faut pas dédaigner pour autant. La vision romanesque, sans être toute la vérité, est une part nécessaire de la vérité.

Mais l'amour de la nature sauvage est plus qu'une faim pour tout ce qui est hors de portée ; c'est aussi une expression de loyauté envers la terre, la terre qui nous a portés et qui nous fait vivre, le seul foyer que nous ayons jamais connu, le seul paradis dont nous ayons jamais besoin – si seulement nous avions des yeux pour voir... si seulement nous en étions dignes [3].

Le théologien Belden C. Lane décrit un ajustement dans la perception de soi provoqué par la rencontre d'une biche dans une petite clairière sur les escarpements surplombants le Mississippi dans le parc « Père Marquette » de l'État de l'Illinois. Appuyé contre un arbre tombé depuis un temps indéfini, Lane est, sans avertissement, tiré d'une rêverie confortable pour être projeté dans une harmonie cristalline avec l'Esprit.

SOUDAIN, J'ENTENDIS QUELQUE CHOSE dans les fourrés à ma droite. Le bruit était différent des autres, plus lourd. Je savais qu'il était produit par un être plus conscient que les petites créatures aux alentours. Je sentais non seulement son poids, mais aussi sa conscience – son effrayante ressemblance avec moi. Une personne, pensai-je, ou un chien. Puis je le vis. Je crus un moment que c'était un gros chien, ou quelque animal que j'étais incapable de nommer. (À y repenser maintenant, l'absence de nom contribuait beaucoup à l'impression de mystère que j'éprouvais.) C'était un cerf, ou plutôt une jeune biche, je crois.

Sans bouger, je respirais aussi légèrement que possible ; la vapeur de mon souffle chaud n'en continuait pas moins d'entourer mon visage dans l'air froid. Peu à peu, la biche s'avançait dans la clairière où j'avais attendu. En fait, elle arrivait à l'endroit même où j'avais d'abord longuement cherché à rencontrer quelque chose, quand soudain elle me vit. Elle s'arrêta sur place, battant le sol du sabot antérieur droit, remuant la tête de haut en bas et de gauche à droite, m'étudiant intensément. Elle agitait sa queue blanche dans un mouvement saccadé et paraissait regarder à travers moi de ses grands yeux sombres. Elle recula d'un bond dans les fourrés et y demeura un moment, mais j'attendis, et bientôt elle sortit. Tout en me surveillant attentivement du coin de l'œil, elle repartit vers le lieu où elle se dirigeait, sans doute l'eau au bas de la pente. Je la suivis des yeux jusqu'à ce qu'elle disparaisse.

Ç'avait été une simple rencontre, parfaitement paisible et mystérieuse. Ce qu'il y avait d'étrange c'était que j'avais été invité à cet endroit, j'avais senti la biche (j'avais senti sa présence) dans cette clairière, dix ou quinze minutes *avant* qu'elle n'y arrive. D'une manière ou d'une autre je *savais* que si j'attendais immobile il y aurait une rencontre. C'était un don, et une étrange conclusion à cette journée que j'avais passée à chercher les mana, les voix mystiques, une rencontre lumineuse avec l'Autre, et j'avais simplement trouvé une biche. Sur le chemin du retour, en marchant vers le crépuscule rouge qui s'éteignait à l'horizon, tandis qu'un vol d'oies passait loin au-dessus de moi en criant, j'éprouvais une énorme joie [4].

Gretel Ehrlich, poète et romancière, vit dans un ranch du Wyoming, un « endroit au bout du monde » isolé par les montagnes de trois mille mètres qui se dressent derrière lui ; un endroit où les « dinosaures allaient et venaient ». Ehrlich s'interroge sur les voies qui nous amènent à reconnaître la nature d'une terre sacrée.

VOIR, C'EST S'ARRÊTER, inspirer et expirer. John Muir [botaniste et défenseur des sites naturels] envisageait de consacrer le reste de sa vie à étudier l'histoire d'une seule goutte de pluie. Voir et connaître un lieu est un acte contemplatif. Il signifie faire le vide dans nos esprits et laisser ce qui est là dans toute sa multiplicité et son infinie variété pénétrer à l'intérieur. On dit qu'on regarde quelqu'un dans les yeux. Pourquoi ne pas regarder « dans » la terre ? Si John Muir avait poussé plus loin son étude de la goutte de pluie, il aurait découvert le monde naturel tout entier...

La racine du mot « religion » veut dire « relier ». Ce n'est pas par hasard que ce que l'on ressent pour un lieu prend parfois une dimension spirituelle. Un vieux rancher m'a un jour raconté qu'il pensait que les lignes de sa main provenaient directement de la terre, qui les y avait creusées après tant d'années de labeur. Nous sommes reliés à un lieu. Le prêtre et poète japonais Ikkyu définissait toutes les relations passionnées comme des « fils rouges ». Peut-être y a-t-il un fil rouge qui me retient ici au Wyoming.

Les voies par lesquelles on en vient à connaître un paysage sont antérieures à l'écrit. Le « sens du lieu » suppose une connaissance sensorielle. Il croît dans nos esprits : des empires d'odeurs et de sons, de textures et de visions retenus ensemble par la mémoire, qui affluent et refluent sans cesse avec une violence et une force telles qu'on se sent poussé à retourner dans ces lieux. Une rivière creuse son lit pour nous ; le cri étrange poussé par une grue du Canada monte dans nos gorges humaines comme un chant ; dans la montagne une forteresse de granit se fissure, un pin pousse ; et nous humains nous plongeons en arrière et en avant dans le temps, en commençant il y a soixante-dix millions d'années, quand les montagnes vinrent au monde. Nous montons avec le relief. Nous sentons l'air raréfié des altitudes plus élevées, la morsure de la neige et des ultraviolets sur notre chair...

Tout au long de nos vies, en quelque endroit que nous vivions ou que nous allions, le paysage sacramentel se déroule devant nous. C'est notre texte, public et privé, social et sauvage, poétique et esthétique. Voir – c'est-à-dire découvrir – ce n'est pas un acte d'interprétation, un acte qui fige par des idées préconçues ce qui est devant nous ; c'est plutôt un acte d'abandon [5].

Artiste, poète, homme politique, scientifique et écrivain, Chiang Yee signe ses tableaux du pseudonyme « Le Prêtre Silencieux », ce qui ne l'a pas empêché dans *The Chinese Eye* de nous proposer une interprétation plaisante et volontiers provocatrice de l'histoire des principes et de la philosophie de la peinture chinoise. Il y écrit que l'on peut voir dans la peinture chinoise un synonyme de la culture elle-même, tant ses origines, son évolution et son intention sont reliées à l'esprit de n'importe quelle époque donnée – esprit où prédomine l'essence de la Nature.

NOUS AIMONS LA NATURE ; nous considérons que les êtres humains ne sont qu'une petite partie de toute la création. Nous sentons que la bonté originelle et la simplicité de l'homme se sont progressivement perdues dans les progrès de la civilisation. Aussi nous reportons notre affections sur d'autres parties de l'univers. Nous aimons particulièrement les animaux, les oiseaux, les poissons et les fleurs, que l'on rencontre plus fréquemment que les formes humaines comme sujets des peintures chinoises. Nous aimons surtout les oiseaux ; parfois, en Chine, vous verrez un homme qui promène une cage, ou un oiseau perché sur son épaule, pour lui faire prendre l'air, comme vous emmenez vos chiens en balade. Nous les emportons pour aller flâner dans la forêt, nous les mettons dans une cage que nous accrochons aux arbres pour qu'ils puissent chanter avec leurs compagnons des bois, et leur répondre. Nous nous asseyons et nous écoutons leur chant. Nous n'avons pas la prétention de courir aussi vite que les chiens ; c'est pourquoi les oiseaux nous semblent des compagnons plus agréables.

Ainsi que j'ai cherché à le montrer, nous aimons la vérité naturelle ; nos philosophes étaient convaincus que le désir humain a dépassé toute limite. L'avidité de l'homme à s'approprier l'objet de son désir engendre un comportement très éloigné de la nature et de la vérité. L'homme, pensons-nous, ne se trouve pas plus haut dans l'échelle des choses que n'importe quelle autre sorte de matière existante ; mais il a tendance à falsifier sa nature originale, et c'est pour cette raison que nous préférons les êtres qui vivent en obéissant à leur instinct ou aux forces de la nature ; au moins sont-ils fidèles à ce pour quoi ils ont été créés. Il nous arrive de peindre des personnages, mais pas autant que vous en Occident...

Notre amour de la Nature repose sur un désir de confondre notre esprit avec elle et de jouir d'elle telle qu'elle est [6].

« Peak Experience »

Dis-moi dans quel paysage tu vis et je te dirai qui tu es.

JOSE ORTEGA Y GASSET (1883-1955),
PHILOSOPHE ESPAGNOL [7].

Paysage : ce que l'on voit en soi-même.
Autoportrait : comment on souhaite être vu par les autres.
Modèle : convient mieux pour bavarder que pour être dessiné.
Nature morte : quelque chose qui bouge trop vite pour être attrapé.

KAZUAKI TANAHASHI,
PEINTRE, CALLIGRAPHE ET MAÎTRE ZEN [8].

Le beau paysage
comme on le sait
appartient à ceux qui lui ressemblent.

MUSO SOSEKI (1275-1351),
MOINE ET POÈTE ZEN [9].

Edward Abbey a consacré sa vie à tenter de saisir la dimension mystique du désert du Sud-Ouest américain, renonçant finalement à tout effort pour la comprendre. Son œuvre dans son ensemble suggère que toutes les prétendues réponses sont chargées de paradoxes. Alors qu'il descend en bateau le Glen Canyon dans l'Utah, Abbey décide de s'arrêter pour gravir la gorge de l'Escalante. Charmé par la brillance des canyons qui se déploie en strates d'une incroyable majesté, Abbey éprouve un bref instant de grâce surnaturelle.

EST-CE ENFIN CELA LE *LOCUS DEI* ? Il y a ici assez de cathédrales, de temples et d'autels pour un panthéon de divinités hindoues. Chaque fois que mon regard découvre un des petits canyons latéraux, je m'attends à moitié à voir non seulement le peuplier qui se dresse au-dessus de sa source – le dieu feuillu, l'œil liquide du désert – mais aussi une couronne irisée de lumière aveuglante, pur esprit, pur être, pure intelligence désincarnée, *qui s'apprête à prononcer mon nom.*

Si l'imagination humaine n'était pas aussi faible... l'homme apprendrait à percevoir dans l'eau, les feuilles et le silence plus d'absolu et de merveilleux qu'il n'en faudrait pour le consoler de la perte de ses anciens rêves [10].

émergent

Crête après crête, pic après pic, elles sont là ;
Vue de loin ou de près, vue d'en haut ou d'en bas,
    chacune a une forme différente.
On ne peut reconnaître l'apparence véritable des
    montagnes de Lu,
Parce que nous sommes nous-mêmes toujours engouffrés
    dans ces montagnes.

Su Tung-P'o (dynastie Sung, 960-1276),
poète, peintre, essayiste, humoriste et calligraphe [11].

Gargouille de Hoh

Oren Lyons, Gardien de la Foi du clan de la Tortue de la nation Onondaga, nous rappelle la valeur réelle de Manhattan, et la vraie nature du marché conclu avec les Hollandais.

MANHATTAN ÉTAIT UN ENDROIT MERVEILLEUX. Où se trouvaient les meilleurs terrains de chasse et de pêche dans tout l'Est. Les hommes venaient ici pendant la saison pour chasser et pêcher. Et, en un jour ou deux, vous pouviez attraper assez de gibier pour tenir tout l'hiver. S'il y a un don que nous avons fait aux hommes blancs c'est la notion de « liberté », c'est de leur apprendre « comment être libre ». Voilà ce qu'ils ont trouvé ici. Quand ils ont demandé s'ils pouvaient acheter Manhattan – mais bien sûr ! Comment pourriez-vous parler d'acheter et de vendre avec un peuple qui ne possède pas ces notions ? Tous les indigènes comprirent cela comme l'idée qu'il s'agissait d'un terrain neutre et d'une terre de partage – que nos frères blancs, qui avaient traversé la mer, seraient les bienvenus ici. Et s'ils choisissaient de donner un petit quelque chose pour cela, c'était bien, c'était gentil, c'était un geste qu'on appréciait. Et la conséquence fut ce qu'ils appelèrent la vente de Manhattan, dont on nous parle encore aujourd'hui. Ça fait bien rire les gens qu'on ait vendu Manhattan pour vingt pièces d'or, et nous, nous disons que nous ne comprenons pas – mais nous pensons qu'à l'époque ce qui avait été conclu, c'était un accord pour partager quelque chose. Quand les Indiens revinrent l'année suivante, ils trouvèrent des clôtures et demandèrent « Qu'est-ce que c'est ? » Nous revenons pêcher et chasser. On leur répondit : eh bien, vous avez vendu la terre. Qu'est-ce que ça veut dire, nous l'avons vendue !

Jadis, Manhattan était recouvert de grands pins ; il y avait ici de vastes forêts. Il y a eu un rassemblement à la cathédrale de St. John the Divine et j'ai rappelé qu'il y *avait* ici une cathédrale beaucoup plus grande : *la cathédrale des pins*. Ils s'élevaient dans les airs à deux cents, deux cent cinquante pieds. C'était la cathédrale de la pensée indienne, si vous voulez. Le ciel est notre toit, la terre notre plancher, et tout ce qui se trouve entre les deux est bienveillant pour nous [12].

Arbre Ange

Dans une envolée lyrique, AE (pseudonyme du poète, peintre et journaliste irlandais George William Russell) rapporte une étonnante vision qui a trait au mystère et à la mystique de l'île d'Émeraude.

L'ANNÉE DERNIÈRE, sur le mont de Ros-na-ree, pour celui qui rêvait, étendu au soleil, apparut une présence qui l'éveilla, une silhouette d'un éclat opalescent qui se courbait en pleurant. « Ne pouvez-vous me voir ? Ne pouvez-vous m'entendre ? Je viens du Pays de l'Immortelle Jeunesse ! » Le monde céleste de Tir-na-nogue s'étendait tout autour des anciens Celtes. Il s'étend encore autour de nous. Ah, cher pays, où le divin brille à jamais pour nous d'une lueur fraternelle, où les cieux se penchent tendrement sur nous, et où les pierres du champ semblent plutôt de connivence avec nous ; quelles largesses de sagesse, de beauté et de paix ne gardes-tu pas pour le monde dans ton sein généreux. Ô, Eire ! Il n'y a nul dénuement dans le silence de tes collines immuables, car dans leurs cœurs étoilés reposent, calmes et tranquilles, les gardiens des sentiers que doivent emprunter les hommes pour trouver les eaux immortelles. Oui, elles vivent, ces collines [13].

Vous me demandez :

Pourquoi je vis

sur cette montagne verte ?

Je souris

Sans répondre

Mon cœur serein

Sur l'eau qui coule

une fleur de pêcher

part doucement

au loin

une autre terre

Il y a

un autre ciel

Sans ressemblance

avec ce monde humain en bas

LI PO (699-762),
CÉLÈBRE POÈTE DE LA DYNASTIE T'ANG [14].

Corps à corps

Hui Hai (qu'on surnommait « La Grande Perle »), maître du Ch'an (Zen) du VIIIe siècle, avait de fréquents dialogues avec ses disciples. Au cours d'un de ces entretiens, quelqu'un lui posa la question suivante : « Est-ce que Prajna (la sagesse transcendante *) est très grand ? » Voici la discussion qui s'ensuivit :

Réponse : Il l'est.
Question : Grand comment ?
R. : Sans limites.
Q. : Est-ce que Prajna est petit ?
R. : Il l'est.
Q. : Petit comment ?
R. : Assez petit pour être invisible.
Q. : Où est-il ?
R. : Où n'est-il pas ? [15]

---

* La Grande Perle de la dynastie T'ang décrivait Prajna comme « une substance de pureté absolue qui ne contient pas une seule chose sur laquelle on ait prise » (*N.d.A.*).

Dans le coin sud-ouest de la Saskatchewan, non loin de l'Eastend et tout près de la frontière avec le Montana, l'écrivain canadien Sharon Butala, après des années de visions et de rêves puissamment évocateurs, a pressenti la « vérité absolue, incontestable » de « l'unité de l'univers ». Au fil de son exploration spirituelle, Butala en arrive à reconnaître le pouvoir unitif des prairies infinies.

JE REGARDAIS LES COLLINES de l'autre côté de la vallée, que le brouillard recouvrait et étouffait, et celles plus proches où la brume avait été dissipée par les rayons du soleil. Je songeais à un début d'après-midi d'été où les animaux restent couchés sans bouger au fond de leurs terriers frais, blottis à l'ombre d'un taillis de chétifs peupliers, où même les insectes se reposent sous les brins de chiendents ou sous les pierres rouges. Alors dans la chaleur intense et silencieuse, les collines, les pierres, le bouteloue s'imprègnent de magie, un air d'un autre monde descend sur eux.

Et que dire de la fin de la journée lorsque, dans un déferlement de lumière dorée, tous les défauts s'estompent et disparaissent et que la paix descend sur les herbes jaunies et le ciel clair ? Alors, aussi, il y a une telle perfection que tout désir pour les cieux est absorbé par l'éclat des plaines fragiles et des collines.

La nuit, quand le ciel déroule un tourbillon d'étoiles scintillantes depuis son axe tout en haut, à une distance inimaginable, jusqu'aux contours précis des collines, dans l'obscurité vitale de ses ténèbres, la terre a une solidité qui lui manque pendant la journée...

Ce matin je me suis penchée pour sentir une fleur de trèfle jaune et une goutte de rosée, fraîche, limpide, a touché le bout de mon nez et s'y est suspendue. Je suis restée sur la rive à regarder les herbes de l'autre côté de la rivière, les fleurs jaunes et blanches des quintefeuilles et des asters sauvages, les feuilles d'un bleu gris luisant des saules bordant la rive, là où les chevreuils à queue blanche ont tracé des pistes en venant boire matin et soir et où un jour, en cueillant des merises, j'ai entendu une biche parler à son faon.

Dans la pureté du matin, je comprends qu'il y a au monde beaucoup plus que ce que l'œil peut voir ; je m'aperçois que si les lisières du monde ne se dissolvent pas dans le mythe et le rêve, c'est uniquement parce qu'on ne le veut pas [16]...

Ô ancêtres, esprits puissants, qui vivez parmi nous :
vos tombes sont les montagnes,
vos chutes d'eau sont les nuages,
les plantes sont vos joyaux.

INCANTATION DE SUMATRA,
INDONÉSIE [17].

Une motte de terre me tient lieu de support ; le monde et le ciel me tiennent lieu de corps, le soleil et la lune sont mes yeux, le Divin Rabut (très vénérable, mais indéfinissable) est l'origine réelle de mon apparence...

RITE FUNÉRAIRE BALINAIS [18].

Arbre Totem

En 1947, Marco Pallis entreprit un voyage au cœur du Tibet encore indépendant à l'époque. Il décrivit cette « mystérieuse présence » qui s'incarne dans le plateau tibétain et qui caractérise la géographie sacrée et pénétrante de ce pays. On devient conscient, rapporte Pallis, d'une « qualité de transparence particulière qui affecte l'atmosphère tout entière de l'endroit [19] ». Il se sentait lui-même enveloppé par la limpidité de la lumière, inconnaissable et sans entrave.

C'ÉTAIT COMME SI LES OBSTACLES AU PASSAGE de certaines influences avaient été amincis en une chose ténue et très légère, obstacles qui, dans le monde extérieur, demeuraient denses et opaques. L'Himalaya, que l'on traverse en gravissant ses gorges profondément creusées, tend à éveiller dans l'esprit une série toujours changeante d'impressions sensorielles vivement tranchées qui sont à leur manière très émouvantes ; il faudrait vraiment être insensible pour n'être pas séduit par la beauté magique de ces versants tapissés de petits rhododendrons aux fleurs pourpres, rouge sombre, ou blanches, au milieu desquelles des pavots bleus ou jaunes dressent haut leur corolles ; tandis que dans les endroits plus humides le charme des iris bleu sombre semble s'associer à celui des primevères jaunes pour offrir un avant-goût des délices du *Sukhavati*, le paradis occidental d'Amitabha, le Bouddha de Lumière. Mais une fois sur le plateau, tout cela est vite oublié, car on se retrouve alors dans un paysage d'une telle sérénité contemplative ineffable que toutes les impressions séparées sc fondent en un seul sentiment de – comment pourrait-on le décrire ? – oui, d'impartialité. C'est cette qualité du paysage tibétain qui fait qu'on le définit comme « transparent », car avant toute autre chose il prêche le vide essentiel des êtres et la compassion qui naît de la conscience de leur vacuité.

Si des lecteurs sont tentés de rejeter cette impression du Tibet qui leur paraît assez fantaisiste et, à tout prendre, explicable par l'effet du climat de haute montagne sur une nature imaginative – les vallées se trouvent toutes à plus de quatre mille mètres d'altitude et l'air y est indescriptiblement vivifiant pour le corps comme pour l'esprit – l'auteur peut tout au plus répondre que, s'il est possible d'attribuer beaucoup de choses à une telle cause, cela reste malgré tout insuffisant pour expliquer pleinement la conviction, acquise à l'époque et qui demeure tout aussi vive après douze ans d'absence, que le Tibet est un foyer d'influence spirituelle dans un sens particulier et objectif, indépendamment de tout ce qui peut être expliqué par un quelconque pouvoir individuel ou autrement. C'est essentiellement une question qui concerne ce qui pourrait être proprement dénommé la Science de la Géographie Sacrée, et le Tibet n'est en aucune façon le seul exemple du genre, même si c'est l'un des plus remarquables et des plus vastes [20].

Chameau au repos

Les sages prennent plaisir aux rivières et aux lacs, les vertueux aux montagnes ; les sages sont constamment actifs, les vertueux immobiles.

CONFUCIUS [21].

George William Russell, qui écrivait sous le nom de plume d'AE, a découvert dès le début de l'adolescence les harmoniques de la géographie spirituelle d'Irlande. Tout au long de sa vie, il a su voir partout l'empreinte de l'imagination divine « dont la majesté tout entière, écrit-il, est présente dans la moindre chose de la nature ».

IL N'Y A PAS DE PAYS AU MONDE où la religion antique ait été plus inséparablement unie aux lieux sacrés, aux montagnes et aux rivières qu'en Irlande, si ce n'est peut-être l'Amérique. On pourrait dire qu'elle a été formée par les dieux. Ils ont laissé leurs traces dans les cours d'eau et les lacs qui ont surgi sur leur ordre. Une divinité présidait à chacun : leurs rythmes magiques étaient chargés de pouvoirs bienfaisants car ils étaient mêlés à leurs sources secrètes au feu élémental...

Peut-être est-ce parce que la terre est si pleine des souvenirs d'un passé extraordinaire, ou peut-être derrière le voile ces choses perdurent-elles, mais tout semble possible ici. Je ne serais pas surpris de voir les cyclopes errer dans les montagnes, l'œil ardent. Il y a toujours un sens qui s'attend à quelque révélation sur le point de se produire, une impression, quand on marche le soir dans les chemins embaumant le chèvrefeuille, que des êtres nous regardent, tapis dans la vraie maison de l'homme. Tandis que nous passons solitaires, isolés dans nos rêveries tristes et fières, ils semblent dire de nous : « Bientôt ils s'éveilleront. Bientôt ils reviendront vers nous » ; et nous nous arrêtons pour regarder alentour, frappés par quelque antique douceur, quelque souvenir d'une aube pure de la vie, avant que ne commencent les passions et le péché. Ce sentiment tient autant de la prophétie que de la réminiscence, et peut-être explique-t-il l'inextinguible espoir dans l'avenir qui a survécu en Irlande à des siècles de troubles, d'oppression et de souffrance, et qui existe dans le cœur de tous.

Dans le sommeil et dans le rêve, dans la vie intérieure, cet avenir projette une lueur sur l'esprit qui en est réjoui, mais demeure incapable d'exprimer pour lui-même le sens de sa propre joie. Peut-être ces visions, auxquelles le Celte est si enclin, se rapportent-elles autant à l'avenir qu'au passé, peut-être qu'il reste à dévoiler des mystères encore plus beaux que ceux révolus. Je le crois. Certains ont contemplé, sur le rivage occidental, une colline surplombant l'Atlantique que leur avait révélée un soudain éclat solaire venu de Tir-na-nogue [le ciel des anciens Celtes]. Il y avait un temple avec de nombreuses statues majestueuses en bas au bord de l'océan, le feu doré de la vie jaillissait de deux fontaines jumelles et, au large, au-dessus du miroir des eaux calmes, s'élevait la cité sacrée, Hy-Brazil [la terre de l'Immortelle Jeunesse], dans la lumière blanche d'un jour intérieur [22].

Oh ! Mère Terre, Père Ciel,
Frère Vent, Lumière Amie, Eau Bien-aimée,
Recevez mon dernier salut les mains jointes !
Je vais aujourd'hui me fondre dans le Suprême
Car mon cœur est devenu pur,
Et toute illusion a disparu,
Par le pouvoir de votre bonne compagnie.

UN ASCÈTE HINDOU SUR LE POINT DE MOURIR [23].

Avenue des pierres vivantes

On a pu parler de Tessa Bielecki comme d'une « ermite apostolique » passionnée par l'aventure spirituelle, en qui s'incarne de nombreuses manières, dit-on, l'esprit élevé et irrépressible de Thérèse d'Avila. Le père spirituel de Bielecki, William McNamara, a écrit à son propos qu'elle a « pénétré l'esprit de sainte Thérèse. Elle regarde comme elle, elle pense et aime comme elle, et elle vit comme elle. » Elle a célébré récemment sa vingt-septième année dans l'ordre des Carmélites et elle est mère supérieure de deux ermitages à Crestone, au Colorado, et Kemptville, en Nouvelle-Ecosse. Dans un court essai sur le « Mysticisme nuptial », Bielecki explore les liens entre la montagne sacrée de son cœur – au sens à la fois réel et symbolique – et le voyage.

L'HISTOIRE DES CARMES ET DES CARMÉLITES COMMENCE AVEC UNE MONTAGNE : le mont Carmel, qui est situé en Palestine, près de la cité moderne d'Haïfa. Je me réjouis toujours que notre tradition n'emprunte pas son nom à une personne comme tant d'autres traditions chrétiennes, mais à un gros morceau de roc. Le mont Carmel est riche en histoire, vénérable en âge, et il est le confident de milliers de récits. Il fut le théâtre de nombreux épisodes bibliques et la résidence du prophète Élie. C'est sur cette montagne que vinrent vivre les premiers ermites carmes.

Mais le mont Carmel n'est pas seulement un endroit géographique et historique ; c'est aussi un lieu métaphysique et trans-historique. Dans *La Montée du mont Carmel*, par exemple, Jean de la Croix parle de l'ascension de cette montagne pour évoquer la voie de la purification. Il décrit le chemin qui nous fait gravir en ligne droite la face de la montagne ; nous ne choisissons pas les voies détournées qui seraient plus faciles à suivre mais exigeraient plus de temps. Les carmes sont des grimpeurs de montagne qui vont droit devant eux. Ainsi le mont Carmel est la patrie du cœur de chaque carmélite. J'ai dit pendant des années que je n'attachais personnellement pas d'importance à la question de savoir si je le verrais jamais de mes propres yeux. Mais à mesure que le temps passait j'en suis venue à découvrir que cela compte beaucoup pour moi. J'espère qu'un jour je pourrai vraiment poser le pied sur cette terre sacrée.

Le mont Carmel est situé au milieu du désert, et les carmes ne sont pas seulement des grimpeurs, ce sont aussi des rats du désert. C'est dans le silence, la solitude et la simplicité du désert que réside la spiritualité de la tradition du Carmel.

Le premier témoignage de la présence d'ermites sur le mont Carmel remonte à l'an 1155. On ne connaît que très peu de choses au sujet de ces ermites. On ne sait s'ils étaient lettrés ou illettrés, s'ils étaient chevaliers ou soldats, clercs ou laïques. Le point important est tout simplement qu'ils vivaient sur le mont Carmel dans la tradition d'Élie et se consacraient à Notre Dame. Le seul objet de leur vie était la prière et la contemplation, et leur Règle se résumait à ceci : Nous avons été appelés pour méditer jour et nuit sur la loi du Seigneur, à moins d'être engagés dans quelque autre juste occupation. La « loi », en l'occurrence, ne signifie pas simplement les Dix Commandements, mais aussi la loi qui est écrite dans l'univers : la loi dans nos cœurs, la loi naturelle, la loi cosmique [24].

Julian Lang a toujours vécu auprès de sa grand-mère, une conteuse capable de s'exprimer couramment dans la langue karuk, parlée pendant des millénaires par le peuple qui vivait en amont de la Klamath River, dans le nord-ouest de la Californie. Il est lui-même chanteur et danseur et préside à la plus importante des cérémonies karuk, la cérémonie pour Fixer le Monde, un rituel qui contribue au renouveau planétaire et à l'illumination collective. Lang est aussi un spécialiste de la culture et de la langue karuk et un artiste. Dans ce passage d'*Ararapikva*, l'éloquente traduction par Lang de quatre récits de la création karuk, l'auteur circonscrit le domaine du sacré dans la vie des Karuks – domaine qui englobe à peu près tout.

NOUS NOUS APPELONS *ARAAR*, LE PEUPLE. Car nous avons vécu, génération après génération, sur nos terres d'origine, au bord de la Klamath River, dans le nord-ouest de la Californie. Notre pays est montagneux, très boisé, et il abrite des cerfs, des ours, des pumas, des saumons chinook, des truites à tête d'acier, et d'autres animaux encore. C'est la terre où nous avons « poussé ». Elle foisonne de milliers de site sacrés, les lieux géographiques où se sont jadis produits des événements spirituels et créateurs au commencement des temps. Il n'y a pas si longtemps encore, notre peuple connaissait chaque brin d'herbe, chaque ruisseau, chaque montagne, chaque crête. Nous connaissions l'origine de chaque barrière de gravier, de chaque espèce d'arbres, de chaque animal, de chaque oiseau, de chaque insecte et de chaque point d'eau.

Ikxareeyav signifie Dieu dans la langue du peuple, et renvoie à la fois à nos nombreuses divinités-esprits et, de nos jours, au Dieu des religions monothéistes modernes. Nous avons tout déifié dans le monde naturel. Nous considérons que tout dans la nature est vivant, possède une sensibilité et une conscience. C'est pourquoi le *monde naturel* est capable de nous voir et de nous entendre, de nous « bénir » et de prendre pitié de nous. La Terre est une manifestation physique de l'esprit créateur de Dieu, et nous, Êtres Humains, nous sommes reconnus par la Terre comme une part du monde naturel. Un jour, j'ai demandé à ma vieille arrière-grand-mère de cent onze ans, Bessie Tripp : « Qui était Dieu pour les anciens Indiens, grand-mère ? » Elle a répondu : « Eh bien, mais la Terre ! Tout. Les rochers, les feuilles, les montagnes. » Notre sentiment est que tout dans la nature croît sur la Terre comme des tresses de longs cheveux qui relient le présent au commencement des temps et à la connaissance originale.

Notre tradition nous rapporte que les *Ikxareeyavs* vivaient sur ce monde avant les êtres humains. Ils ont grandi sur ce monde-terre (comme nous devions y grandir nous aussi par la suite). Les *Ikxareeyavs* étaient hypervivants, c'est-à-dire que leurs vies étaient purement créatives. Chaque moment de leur existence aboutissait à une forme de création : la découverte d'une loi naturelle, un chant puissant, une herbe ou une formule médicinale pour soigner la plus grave des maladies. La Terre elle-même était neuve quand ils y vivaient. Et, comme pour un amour nouveau, chaque moment, chaque mouvement, chaque idée et chaque sentiment était sans précédent.

Tout dans le monde naturel, du ver de terre aux mammifères, les arbres, des formations géologiques spécifiques (certains affleurements de granit, par exemple), les sites sacrés, les ruisseaux de montagne, le soleil, la lune, même le moustique, tous étaient jadis le peuple *Ikxareeyav*. Chaque *Ikxareeyav* menait une existence intense et chargée d'émotion. Par exemple, un homme méprisé et de mauvaise naissance échappait à son propre meurtre et se transformait pour devenir la lune. Notre petite montagne sacrée, Sugar Loaf (*A'uuyich*), était jadis un homme-esprit *ikxareeyav* qui inventa, inspiré par l'amour, tous les instruments de pêche et de chasse, et la plupart de nos insignes de danse. En fait, les pouvoirs créateurs de Sugar Loaf se traduisirent par une grande part de ce que les anthropologues appellent notre « culture matérielle ». Les impressionnantes chutes d'eau situées à *Ka'tim'iin* (Somes Bar) sur la Klamath River furent créées il y a bien des années par une femme *ikxareeyav* furieuse. Partout où nos ancêtres regardaient ou mettaient le pied dans le monde karuk, il y avait un *Ikxareeyav* associé au lieu...

Il est facile de nos jours de passer à côté du caractère sacré de la terre, mais c'est tout aussi stupide aujourd'hui que ce l'aurait été il y a cent cinquante ans. Il est encourageant de savoir que nos *Ikxareeyavs* sombrent rarement dans l'oubli. Après tout, n'y a-t-il pas toujours des serpents à sonnette ? Ou des grenouilles, des anguilles, des montagnes, des ruisseaux, des arbres, et des cérémonies sacrées ? Si vous y regardez d'assez près, vous verrez que ce sont tous des *Ikxareeyavs* [25].

« Ce qui distingue les moines du reste des hommes ce n'est pas une piété arrogante, mais une gaieté contemplative », écrit Kathleen Norris, poète, auteur et oblate bénédictine dans son évocation joyeuse et méditative des Grandes Plaines et de leur profonde influence sur l'esprit humain. Depuis Lemmon, dans le Dakota du Sud, Norris apporte son témoignage sur la géographie spirituelle d'un univers admirablement idiosyncrasique, qui est tout à la fois mythique, contradictoire, sublime, désolé, propice à la prière et empli d'espoir.

LE SILENCE DES PLAINES, ce grand paysage de terre et de ciel inhabité, ressemble beaucoup au silence que l'on trouve dans un monastère, un silence insondable qui a le pouvoir de vous re-former. Et les Plaines m'ont changée...

Je ne suis pas une moniale, bien que je sois attachée par une relation formelle aux bénédictines en tant qu'oblate, ou associée, à une communauté de quelque soixante-cinq moniales. Étant une femme mariée, protestante, qui souvent connaît plus le doute que quoi que ce soit qui ressemble à la foi, cela me surprend presque autant que de découvrir que les Grandes Plaines sont elles-mêmes devenues mon monastère, ma retraite, où je croîs et m'épanouis...

Ce sont les Plaines qui m'ont attirée pour la première fois vers le monastère. Il y a là quelque chose d'ironique, je suppose, car qui irait chercher un désert au cœur d'un désert ? Les Plaines comme le monastère sont des lieux où les distractions sont réduites au minimum et où vous devez compter sur vos propres ressources pour découvrir en fin de compte que vous dépendez vous-même de forces qui échappent à votre contrôle ; des lieux où le temps semble suspendu, comme dans la liturgie ; des lieux où votre vie est définie par l'attente...

Les privations de la vie dans les Plaines et de la vie monastique ont tendance à transformer de petits dons en trésors, et la gratitude est l'une des premières fleurs à s'épanouir lorsque l'espoir est récompensé et que le désert fleurit. Quand la sécheresse cessa pour nous offrir le printemps le plus humide que j'ai connu en dix-huit années dans les Plaines, l'exultation verdoyante de la terre suffisait à nous tirer des larmes de joie. « Regardez, disait un rancher, vous ne verrez peut-être plus jamais ça dans votre vie. » Le plus pessimiste d'entre nous en était réduit à marmonner : « Ça ne durera pas. » Nous savons que ça ne durera pas, pas dans le Dakota, et pourtant nous restons. C'est notre gloire, à la fois notre folie et notre force [26].

Cercle de pierre de Boscaven-un (triptyque)

En écrivant à Bangkok en 1971 la préface de son autobiographie spirituelle, *The Wheel Of Life*, John Blofeld (1913-1987), bouddhiste et auteur anglais, rapporte que son expérience initiatique sur le sommet du Tashiding dans les années 1950 n'a cessé d'éclairer sa vie. Tout au long de sa quête de la sagesse et de la vérité, Blofeld a fait montre d'une autodérision et d'une candeur désarmantes qui sont d'autant plus inhabituelles et séduisantes qu'elles émanent d'un esprit distingué voué à la recherche de l'Unique. Ses descriptions pleines d'humour et hautes en couleur du ridicule de ses propres faiblesses, pour ne rien dire de celle des autres, suggèrent une joyeuse lucidité. Il écrivait que sa caravane « aurait pu inspirer des illustrations pour une traduction chinoise des *Contes de Canterbury* ». Il ajoutait qu'il trouvait « le mouvement de mon véhicule sans roues (un mélange de chaise à porteur et de minuscule cabine de bateau suspendu entre deux mules marchant sur une seule file) si apaisant que je passais la plus grande partie de mon temps allongé sur le dos, à somnoler ou à rêvasser, sauf dans les moments où je me rappelais qu'il s'agissait d'un pèlerinage et où je me mortifiais en restant assis jambes croisées pendant une heure, en pratiquant la méditation. Des pèlerins plus authentiques se sentaient obligés d'aller à pied ; d'ailleurs, les Mongols parcourent souvent de plus longs trajets à genoux ou s'arrêtant tous les trois pas pour se prosterner... [27] »

Blofeld a connu le bouddhisme et le taoïsme chinois à un moment critique de leur histoire, juste avant qu'ils ne subissent le joug communiste. Les années qu'il a passées à Pékin et ses voyages à travers la Chine, la Mongolie, l'Inde, la Birmanie et le Tibet en quête de la connaissance de soi l'ont amené sur une voie spirituelle sincère qui l'a interpellé tout au long de sa vie : « Souvent j'ai aspiré à la Lumière, mais pas assez ardemment pour me porter au-delà de tout intérêt subalterne [28] », écrit-il en évoquant les chausse-trapes de son voyage au sommet de la montagne. Ses réflexions sur le pouvoir qu'ont les lieux de métamorphoser la conscience révèlent l'âme de pèlerin de ce chercheur inspiré.

À TASHIDING, AU SIKKIM, LA BEAUTÉ DE L'AUBE imprégnée de puissance – ce spectacle resplendissant du feu dansant à travers la glace – doit apparaître au plus éreinté des voyageurs comme une récompense somptueuse pour l'inconfort de deux journées de voyage à travers les jungles détrempées et infestées de sangsues. Mais pour moi, c'était plus que cela. C'en était arrivé à acquérir une signification intérieure, impossible à ne pas sentir, mais très difficile à décrire. J'y songeais même comme à une sorte de baptême spirituel, un apaisement miraculeux du corps et de l'esprit, qui devaient se renouveler chaque jour aussi longtemps que je resterais sur la montagne sacrée. Deux fois déjà cela m'avait rendu conscient des forces dormantes qui, selon mes Maîtres, gisent cachées et généralement insoupçonnées au plus profond de la conscience de chaque homme. J'avais même senti que la fantastique métamorphose de la neige en un feu multicolore, si justement accompagnée par la musique surnaturelle des lieux, reflétait comme par magie un sens au-delà de tous les sens, le But ultime qui jusqu'alors avait toujours paru inaccessible. Se pouvait-il que les fragments de mon esprit, brisé comme un verre mince par le scintillement et le bruit de tonnerre, subissent soudain un changement kaléidoscopique, et se mettent en place pour révéler cet état de pure sérénité qui se situe au-delà des niveaux les plus élevés de la pensée conceptuelle ? Se pouvait-il que le moment soit arrivé pour moi de saisir ce que le sage [chinois] Huang Po désigne si profondément comme l'Insaisissable ? Chaque matin à l'aube, aussi longtemps que les couleurs dansaient devant moi, rien dans le royaume de l'expérience mystique ne semblait entièrement hors de ma portée [29].

Nous qui vivons au pied de cette froide montagne, nous avons entendu sa voix dans nos rêves, senti ses bras nous soulever hors de nos chambres chaudes et de nos lits moelleux, jusque sur ses épaules où nous sommes aussi légers que les feuilles.

Amy Barratt,
poète canadien,
« La Montagne »[30].

Un maître vénéré et écrivain européen (d'ascendance andine et bolivienne), le Lama Anagarika Govinda (1898-1985), a passé une grande partie de sa vie à étudier auprès de maîtres tibétains. Sa jeunesse en Italie et en Allemagne fut influencée par son adhésion aux communautés bouddhistes qui y florissaient dans les années 20. Il vécut à Ceylan, en Birmanie, au Sikkim, en Inde et au Tibet, tout à la fois pèlerin, peintre, ermite et disciple. Plus tard, il parcourut le monde comme interprète.

Au printemps 1933, le Lama Govinda fit un voyage au Chang-Thang, le vaste plateau nord du Tibet où « les portes du ciel étaient ouvertes » et où un monde de formes et de couleurs fantastiques se révélait avec une telle soudaineté qu'« on en venait à douter de leur réalité comme de la sienne ». Le Lama Govinda parlait souvent de ses pèlerinages en terre sacrée du Tibet comme du « grand miracle ». Il en était arrivé à connaître le Tibet comme un état d'esprit où l'univers n'était plus une abstraction mais « un objet directement perceptible » dont les profondeurs infinies étaient régies par les seuls corps célestes. Dans *The Way Of The White Clouds*, le Lama Govinda explore sa relation de toute une vie avec cette terre sacrée que l'on appelle « le pays des mille Bouddhas ».

LE GRAND RYTHME DE LA NATURE pénètre toute chose, et l'homme y est enchevêtré par l'esprit et par le corps. Même son imagination appartient moins au domaine de l'individu qu'à l'âme du paysage, où le rythme de l'univers se condense en une mélodie d'un charme irrésistible. Ici l'imagination devient une expression adéquate de la réalité sur le plan de la conscience humaine, et cette conscience semble elle-même se communiquer d'un individu à l'autre jusqu'à former une atmosphère spirituelle qui enveloppe le Tibet tout entier.

C'est donc une étrange transformation qui s'opère sous l'influence de ce pays, où les vallées sont aussi hautes que les plus élevés des pics d'Europe et où les montagnes montent dans l'espace hors de portée des humains. C'est comme si on sentait son esprit libéré d'un poids, comme si certaines entraves étaient enlevées. Les pensées coulent aisément et spontanément sans perdre leur direction et leur cohérence. On atteint presque sans effort un haut degré de concentration et de clarté et un sentiment de joie aérienne garde l'esprit dans une humeur créative. La conscience semble s'élever à un niveau supérieur, où les obstacles et les perturbations de la vie ordinaire n'existent pas, si ce n'est comme un vague souvenir de choses qui ont perdu toute leur importance et leur attrait. En même temps on devient plus sensible et l'on s'ouvre à de nouvelles formes de réalité ; les qualités intuitives de notre esprit sont éveillées et stimulées – en résumé, toutes les conditions sont remplies pour atteindre les stades supérieurs de méditation ou *dhyana* [31].

Détail de girafe

Aux yeux de Thomas Berry, un « géologien » de quatre-vingt-deux ans, prêtre passioniste et penseur clairvoyant, soucieux des questions écologiques, l'un des lieux les plus importants sur terre est un obscur petit pré dans les monts Appalaches. Il l'a découvert quand il était un jeune garçon et il s'est aperçu au fil des années que cet endroit avait été une source d'espoir et d'inspiration dans son engagement passionné pour reconstruire le monde qui nous entoure. La nature a révélé à Berry les fondements sacrés de la vie elle-même – bien qu'il n'en eût pas conscience à l'époque – et tout au long des sept décennies qui allaient suivre cette première vision du pré allait former et diriger ses pensées.

J'ÉTAIS JEUNE À L'ÉPOQUE, j'avais une dizaine d'années. Ma famille déménageait. Nous quittions un quartier d'une ville du Sud pour nous installer dans la nouvelle maison que l'on construisait en bordure de la ville. La maison, qui n'était pas encore terminée, était située sur une légère pente. En bas coulait un petit ruisseau et là, sur l'autre rive, il y avait un pré. Quand j'ai regardé pour la première fois cet endroit et que j'ai vu le pré c'était par un début d'après-midi au mois de mai. Le terrain était couvert de lis qui s'élevaient au-dessus de l'herbe épaisse. C'était un moment magique, cette expérience a apporté à mon existence quelque chose, je ne sais pas quoi, qui semble expliquer la vie que j'ai menée à un niveau plus profond que n'importe quelle autre expérience dont je puis me souvenir.

Ce n'était pas seulement les lis. C'était le chant des criquets et les bois au loin et les nuages dans le ciel clair. Ce qui s'est passé alors n'était pas quelque chose de conscient. J'ai continué à vivre comme aurait pu faire n'importe quel autre jeune garçon. Peut-être n'est-ce pas simplement ce moment qui a laissé sur moi une impression si profonde. Peut-être est-ce une sensibilité qui s'est développée tout au long de mon enfance. Pourtant, à mesure que les années passent, ce moment me réapparaît toujours et chaque fois que je songe à mon attitude fondamentale dans la vie, à la tendance générale de mon esprit et aux causes que j'ai défendues, il me semble revenir à ce moment et à l'impact qu'il a eu sur ma perception de ce qui est réel et de ce qui compte dans la vie.

Cette expérience précoce est, semble-t-il, devenue un critère qui s'applique à toute l'étendue de ma pensée. Tout ce qui préserve et favorise ce pré dans les cycles naturels de sa transformation est bon, tandis que ce qui est opposé à ce pré ou le nie n'est pas bon. Mon orientation dans la vie est aussi simple que ça. Elle est également aussi subtile. Cela s'applique à l'économie et aux options politiques autant qu'à l'éducation, à la religion et à n'importe quoi d'autre...

Plus une personne pense au nombre infini d'activités qui entrent ici en relation, plus le tout devient mystérieux, plus cette personne trouve un sens à la floraison des lis au mois de mai, et plus cette personne peut être frappée de respect en regardant simplement ce petit lopin de prairie. Il n'avait rien de la majesté des Appalaches ou des montagnes de l'Ouest, rien de l'immensité ou de la puissance des océans, rien même de la rude magnificence du désert ; et pourtant, dans ce petit pré, le mystère de l'existence se manifeste d'une manière plus profonde et plus impressionnante qu'en n'importe quel autre endroit que j'ai connu au cours de mes nombreuses années de vie [32].

Rêve canin

… la conception que se fait un peuple de la nature détermine toutes ses institutions.

RALPH WALDO EMERSON,
ENGLISH TRAITS [33].

Si la nature est ton maître, ton âme s'éveillera.

LE *FAUST* DE GOETHE [34].

CATHÉDRALES INTÉRIEURES

Notre véritable voyage dans la vie est intérieur ; il s'agit de croître, d'approfondir, et de nous abandonner toujours plus à l'action créative de l'amour et de la grâce dans nos cœurs. Jamais il ne fut plus nécessaire pour nous de répondre à cette action.

THOMAS MERTON (1915-1968),
MOINE TRAPPISTE, POÈTE ET ÉCRIVAIN [1].

Tout ce que nous sommes est dans l'âme.

HONORÉ DE BALZAC (1799-1850) [2].

Genoux d'arbre

Hildegarde de Bingen, la grande visionnaire rhénane du XIIe siècle, théologienne, musicienne, artiste, prédicatrice et écrivain, décrit son âme comme le lieu spirituel de son voyage sacré où sa conscience est libre d'explorer les couches les plus profondes de l'inconscient. Hildegarde exprime sa vision centrale (elle en a eu beaucoup) comme la réalisation profonde d'une unité reconstituée accompagnée d'une expérience libératrice d'amour inconditionnel.

DEPUIS L'ENFANCE, j'ai toujours vu une lumière dans mon âme, mais pas avec les yeux de l'extérieur, ni à travers les pensées de mon cœur ; aucun des cinq sens extérieurs ne participe de cette vision... La lumière que je perçois n'est pas localisée, mais elle est plus brillante que le nuage qui supporte le soleil. Je ne puis distinguer en elle de hauteur, de largeur ou de longueur... Ce que je vois ou ce que j'apprends par une telle vision demeure longtemps dans ma mémoire. Je vois, j'entends et je sais dans un même moment... Je ne puis reconnaître aucune sorte de forme dans cette lumière, bien que je voie parfois en elle une autre lumière qui m'est connue comme la lumière vivante... Pendant que je jouis du spectacle de cette lumière, toute tristesse et tout chagrin disparaissent de ma mémoire [3]...

Dans une conversation avec Albert Einstein sur la nature du réel en juin 1930 au domicile d'Einstein à Kaputh, en Allemagne, Rabindranāth Tagore a décrit les racines de ses propres aspirations spirituelles : « Ma religion est dans la réconciliation de l'Homme Supra-personnel, l'esprit humain Universel, au sein de mon être individuel [4]. » C'est dans cette optique qu'il fonda l'école expérimentale de Santiniketan (« résidence de la paix »), à une centaine de kilomètres de Calcutta, qui ne cessa de se développer tout au long de sa vie pour devenir un grand centre de culture et d'éducation réputé comme « Visva-Bharati » (« université mondiale »). L'enseignement dispensé insistait sur l'inspiration et l'expérience de la Nature considérée comme un maître divin. Les rencontres de Tagore avec le sacré dans le monde naturel ont sans aucun doute contribué au développement de ses conceptions uniques d'éducation créative. Il raconte ainsi une expérience précoce de conscience cosmique déclenchée par quelques mots bengalis fortement imprégnés de l'essence de la nature.

DEPUIS LA PETITE ENFANCE, ou presque, j'ai eu un sens profond de la nature, un sentiment de compagnonnage intime avec les arbres, les nuages et la marque des saisons. En même temps, j'étais particulièrement sensible à la bonté humaine...

Je me rappelle ce jour de mon enfance où, après le pénible apprentissage de mon alphabet bengali, j'ai découvert, surpris, la première combinaison simple de lettres, qui me donnait les mots : « Il pleut, les feuilles tremblent. » J'étais ému par l'image que ces mots me suggéraient. Les fragments perdaient leur isolement individuel et mon esprit s'enivrait de l'unité d'une vision. De la même manière, ce matin-là dans le village, les faits de ma vie m'apparaissaient soudain dans une lumineuse unité. Toutes les choses qui avaient semblé n'être que des vagues errantes se révélaient en relation avec une mer sans limites, et depuis ce moment j'ai conservé la conviction que, dans toute mon expérience de la nature ou dans ma vie d'homme, il y a la vérité fondamentale d'une réalité spirituelle [5].

Les trois grâces

Si vous ouvrez mon cœur, Saint Père, vous n'y trouverez que des danses et des contes – rien d'autre... Faut-il que je continue, Saint Père ?

J'écoute.

Quand un amandier se couvrit de fleurs au cœur de l'hiver, toutes les plantes qui l'entouraient se mirent à se moquer de lui. « Quelle vanité », s'écriaient-elles, « quelle insolence ! Vous vous rendez compte, il croit pouvoir amener ainsi le printemps ! » Les fleurs de l'amandier rougirent de honte. « Pardonnez-moi, mes sœurs », dit l'arbre. « Je vous jure que je ne voulais pas fleurir, mais soudain j'ai senti une chaude brise printanière dans mon cœur. »

NIKOS KAZANTZAKIS (1883-1957),
SAINT FRANCIS [6].

Tertullien, célèbre auteur chrétien de la fin du IIe siècle et du début du IIIe, vivait en Afrique du Nord dans l'ancienne cité de Carthage. Ses écrits ont grandement influencé la théologie occidentale. Le langage et le caractère de l'âme revêtaient un intérêt particulier pour ce théologien visionnaire. Dans *De Testimonio Animae* (*Du témoignage de l'âme*), Tertullien affirme les réalités irréfutables de l'âme qui se fondent sur le caractère sacré de la nature et en sont inséparables. Un aspect essentiel de l'âme chez Tertullien est la splendeur de l'esprit humain, « un éclairage projeté sur la vie », pour reprendre une expression utilisée pour décrire l'esprit de Balzac.

CES TÉMOIGNAGES DE L'ÂME sont aussi simples qu'il sont vrais, aussi évidents qu'ils sont simples, aussi communs qu'ils sont évidents, aussi naturels qu'ils sont communs, aussi divins qu'ils sont naturels. Je pense que nul ne peut les trouver futiles et ridicules s'il considère la majesté de la Nature, d'où dérive l'autorité de l'âme. Ce que vous accordez à la maîtresse, vous le donnerez en partage au disciple. La Nature est la maîtresse, l'âme est le disciple ; ce que l'une a enseigné, ou ce que l'autre a appris, leur vient de Dieu, qui est, en vérité, le Maître de la maîtresse elle-même. Quelle notion l'âme peut concevoir de son premier maître, vous avez le pouvoir d'en juger d'après cette âme qui est en vous. Sentez ce qui vous fait sentir ; pensez à ce qui est votre prophète dans les pressentiments ; dans les présages, votre augure ; dans les événements qui vous arrivent, votre visionnaire. Il est étrange que, donnée par Dieu, elle puisse être devineresse pour l'homme ! Il est non moins étrange qu'elle Le connaisse par celui à qui elle a été donnée [7] !

Sylvebarbe

Darwin, l'agnostique, et Melville, le presbytérien, nous livrent des visions contrastées d'une Présence pénétrante, transcendante, en liberté dans l'univers, visions qui découlent de leurs observations du monde naturel, tandis qu'ils partaient chacun en quête d'Eux-mêmes.

DARWIN :

LE SENTIMENT DE DÉVOTION RELIGIEUSE est un sentiment très complexe, fait d'amour, de soumission totale à un être supérieur exalté et mystérieux, d'une forte impression de dépendance, de peur, de révérence, de gratitude, d'espoir en l'avenir, et peut-être d'autres éléments. Nul être ne peut éprouver une émotion si complexe tant qu'il n'a pas atteint au moins un niveau modérément élevé dans ses facultés intellectuelles et morales. Nous voyons une lointaine approximation de cet état d'esprit dans l'amour profond d'un chien pour son maître, associé à une soumission complète, un peu de crainte, et peut-être d'autres sentiments.

MELVILLE :

COMME ELLE S'ÉLÈVE NOBLEMENT, notre conception du puissant monstre brumeux, à le voir voguer solennellement sur une mer calme des tropiques ; sa large et douce tête surmontée d'une voûte de vapeur, engendrée par ses contemplations incommunicables, et cette vapeur – comme vous le verrez parfois – glorifiée par un arc-en-ciel, comme si le Ciel lui-même avait apposé son sceau sur ses pensées. Car, voyez-vous, les arcs-en-ciel ne visitent pas l'air limpide ; ils ne se propagent que dans la vapeur. C'est ainsi qu'à travers les brumes épaisses des sombres doutes de mon esprit, des intuitions divines fusent de temps à autre, enflammant mon brouillard d'un rayon céleste. Et de cela, je remercie Dieu ; car tous ont des doutes ; beaucoup nient ; mais doutes ou négations, rares sont ceux qui en même temps ont des intuitions. Des doutes sur toutes choses terrestres, et les intuitions de quelques choses célestes ; cette combinaison ne fait ni un croyant ni un infidèle, mais elle fait un homme qui regarde l'un et l'autre d'un œil égal [8].

La romancière et dramaturge canadienne Blanche Howard commence son étrange et très insolite nouvelle fantastique *A Good Day On a Minor Galaxy*, par une épigramme de Joseph Campbell : « Ce corps est un véhicule de la conscience. » Elle se sert de cette citation comme plate-forme de lancement pour un minimythe moderne dans lequel elle présente une série d'événements miraculeux partout dans le monde attribuables à « un sursaut de conscience de cinq minutes sur la planète Terre » avec des conséquences particulières. Les répercussions vont d'un témoignage sur « des larmes tombant des yeux de pierre de la Vierge Marie à Lourdes » à des milliers de personnes en Inde « éblouies par une vision de jasmin poussant du nombril de Bouddha ». Pour apprécier pleinement la portée des joyeuses incursions d'Howard dans « l'œil de l'âme » (selon l'expression de Blake), il faut vraiment les lire d'un bout à l'autre. Néanmoins, le passage suivant illustre bien son art de mettre sens dessus dessous l'extase spirituelle pour mieux la planter dans le quotidien.

IL ÉTAIT CINQ HEURES DE L'APRÈS-MIDI, l'heure à laquelle madame Truffault arrosait le jardin derrière sa maison de pierre du village de Legna (cinquante habitants) dans les montagnes du Jura en France. Malheureusement, c'était à peine si la maigre offrande du jour assombrissait la terre, car le sol sec et craquelé était assoiffé au-delà des possibilités de l'arrosoir bosselé de Madame. Elle soupira et se pencha pour arracher une feuille morte à un géranium, puis elle laissa son regard s'attarder sur son unique fleur rouge comme pour l'encourager.

C'est alors que la couleur parut soudain vaciller comme la flamme d'une bougie lorsqu'une goutte de cire tombe sur la mèche. Elle retira sa main, hésitante. Sous ses yeux étonnés, l'improbable illumination s'intensifia jusqu'à ce que le rouge se mit à couler de la fleur en petites bannières colorées qui se prolongeaient par des vrilles hésitantes, s'aventuraient toujours plus loin, s'infiltraient dans les craquelures de la terre et vibraient finalement en une étourdissante aurore boréale autour du géranium.

Lorsque le rouge s'infiltra dans les pores et les interstices d'un corps qui n'était pas habitué aux voluptés, même temporelles, madame Truffault fut surprise par une sensation de plaisir – une émotion qu'elle rencontrait rarement à présent, mais qui demeurait obscurément associée dans sa mémoire à l'enfance et à un champ de coquelicots. Puis le simple plaisir s'éloigna et elle fut ébranlée et soulevée par quelque chose qui ressemblait à de l'exultation.

Elle lâcha l'arrosoir et se redressa, les bras tendus vers le ciel. Des flammes rouges émergeaient du bout de ses doigts, comme de puissants courants de lumière qui auraient pu embraser le monde. Elle demeura ainsi à jeter des flammes dans le bleu pendant ce qui semblait durer une éternité, mais n'était en réalité que cinq minutes. Au bout de ce temps, la couleur commença à se retirer de ses doigts, de son corps, puis de la terre, pour s'installer finalement dans le rouge ordinaire de son légitime propriétaire.

Madame Truffault rangea ses outils de jardinage, et après le dîner elle alla à la messe du soir pour remercier la Sainte Vierge de lui avoir fait connaître un petit moment de grâce. À la fin de sa prière, elle chuchota, et elle le croyait sincèrement, qu'elle était désormais prête pour le Ciel, quand ce serait la volonté de Dieu.

Elle ne parla pas de l'incident à monsieur Truffault – monsieur Truffault n'était pas en bons termes avec la Vierge Marie – car elle voulait entretenir ce souvenir dans l'intimité de son âme, là où il ne pourrait le trouver [9].

Louve pleine hurlant

Hadewijch II, une béguine flamande du XIIIe siècle – membre du courant de femmes laïques qui créèrent des communautés spirituelles indépendantes dans toute l'Europe du Nord – décrit la Source d'union qui perpétue et illumine l'existence.

Vous qui voulez la connaissance,
cherchez l'Unité
intérieure
Là, vous trouverez
le miroir clair
qui attend déjà [10].

« Voulez-vous entendre les cloches du temple ? » interroge le jésuite Anthony de Mello. Si tel est le cas « écoutez le bruit de la mer », conseille-t-il. De Mello nous raconte une parabole qui évoque l'infinité des messages de la création.

LE TEMPLE ÉTAIT BÂTI sur une île et il renfermait un millier de cloches. De grosses cloches, de petites cloches, des cloches façonnées par les plus habiles des artisans au monde. Quand le vent se levait ou quand une tempête faisait rage, toutes les cloches carillonnaient à l'unisson en une symphonie qui ravissait le cœur de celui qui les entendait.

Mais au fil des siècles, l'île s'enfonça dans la mer, et avec elle, les cloches du temple. Une ancienne tradition disait que les cloches continuaient à carillonner sans cesse, et que celui qui écoutait attentivement pouvait les entendre. Inspiré par cette tradition, un jeune homme avait parcouru des milliers de milles, bien décidé à entendre ces cloches. Il resta assis pendant des jours sur le rivage, face à l'île disparue, en écoutant de toutes ses forces. Mais tout ce qu'il entendait c'était le bruit de la mer. Il s'efforçait de chasser le son des vagues pour pouvoir entendre les cloches. Mais c'était en vain ; le bruit de la mer semblait submerger le monde.

Il passa plusieurs semaines à la tâche. Quand il se décourageait, il allait écouter les pontifes du village qui parlaient avec onction de la légende des cloches du temple et de ceux qui avaient pu les entendre et vérifier que la légende était vraie. Alors, en entendant ces paroles, il sentait son cœur s'embraser... pour se décourager à nouveau après des semaines d'effort sans résultat.

Finalement il décida d'abandonner. Peut-être n'était-il pas destiné à entendre les cloches. Peut-être la légende n'était-elle pas vraie. C'était son dernier jour, et il alla sur le rivage faire ses adieux à la mer, au ciel, au vent et aux cocotiers. Il s'étendit sur le sable, et pour la première fois il écouta le bruit de la mer. Ce jour-là il ne chercha pas à le repousser. Bientôt il fut si absorbé dans ce son qu'il avait à peine conscience de lui-même, tant était profond le silence que le son produisait.

Et dans la profondeur de ce silence, il entendit ! Le tintement d'une minuscule cloche suivi d'un autre, et d'un autre et d'un autre... et bientôt les mille cloches du temple carillonnèrent en harmonie, et son cœur fut saisi d'une extase joyeuse [11].

Plus de 334 millions de personnes sur la planète se réclament du bouddhisme. La foi qui les inspire leur vient d'un prophète de naissance princière du VIe siècle avant Jésus-Christ, Siddhartha Gautama (vers 566-vers 486 avant J.-C.), qui voyagea et chercha assidûment à atteindre la réalisation de soi et dont l'influence est demeurée profonde pendant plus de deux mille cinq cents ans. Appelé Bouddha, mot sanskrit/pali qui veut dire « l'éveillé » et « celui qui sait », Siddhartha est le fondateur du bouddhisme. Appelé par le vénérable figuier, Siddhartha reçut l'illumination. Stephanie Kaza, bouddhiste, professeur et écrivain, se fait l'interprète de la quête du Bouddha aspirant à la connaissance cosmique.

QUAND LE BOUDDHA ARRIVA à Bodh Gaya [le lieu le plus sacré sur Terre pour les bouddhistes, dans le nord-est de l'Inde ; où Bouddha parvint à l'illumination], il avait accompli un long voyage à la recherche de la vérité. Des sages, des ermites et des ascètes lui avaient offert leurs enseignements, sans parvenir à le satisfaire. Bien qu'il eût discipliné son corps jusqu'à la privation et poussé son esprit jusqu'au bout de ses limites, il n'avait pas encore trouvé la vérité profonde de l'existence. Sa détermination brûlait en lui d'une flamme constante. Il voulait de tout son cœur s'engager sur la voie de la véritable compréhension.

Dans sa passion et son aspiration, il se sentit appelé à s'asseoir au pied d'un grand figuier ; c'était le but de son pèlerinage ; il y était venu le corps et l'esprit vides pour recevoir la grande sagesse. Il fit le vœu de rester près de l'arbre jusqu'à ce qu'il trouve la grande vérité. Pendant sept jours et sept nuits, il demeura assis à méditer soutenu par l'arbre. Au cours de la septième nuit, il fut tourmenté par toutes les distractions possibles de l'esprit. Mara, la voix de l'illusion, l'interpella avec férocité, lui demandant quel droit il avait d'être assis près du figuier à chercher la vérité. Pour contrer la force de l'ignorance, il toucha la terre de sa main droite. Avec la terre et l'arbre comme témoins, la puissante réalisation de l'interdépendance fut révélée [12].

Yoda

Mieux vaut se connaître soi-même que de faire des miracles, disait un des premiers moines.

RAPPORTÉ PAR DOM LAURENCE FREEMAN,
DE L'ORDRE DE SAINT BENOÎT [13].

Abū Yazīd Al-Bistāmī, un mystique de l'islam qui vécut au IXe siècle, décrit l'ascension de son esprit vers les cieux de l'Être éternel.

ALORS JE SUIS DEVENU COMME UN OISEAU, dont le corps était Unité et les ailes d'Éternité, et j'ai continué à voler dans l'air de l'Absolu, jusqu'à ce que je passe dans la sphère de la Purification, pour y contempler les champs de l'Éternité, et l'Arbre de l'Unité. Tandis que je regardais, j'étais moi-même tout cela [14].

Le romancier Saul Bellow rapporte un aperçu qu'il a eu de Jérusalem lors d'un voyage en Israël en 1976, où l'esprit de l'univers se révèle et devient à sont tour un reflet de Bellow lui-même. « Nous arrivons dans la rue », écrit-il,

ET MON AMI... prend une profonde inspiration et me conseille d'en faire autant. L'air, l'air en soi, est nourrissant pour la pensée à Jérusalem, les Sages eux-mêmes le disent. Je suis prêt à le croire. Je sais qu'il doit avoir des propriétés spéciales. La délicatesse de la lumière me trouble également. Je regarde en bas, vers la mer Morte, les rochers brisés et les petites maisons aux toits bulbeux. Leur couleur est la même que celle de la terre, et dans cette étrange torpeur, l'air chaud pèse d'un poids presque humain. Quelque chose d'intelligible, quelque chose de métaphysique est véhiculé par ces couleurs. L'univers s'interprète lui-même sous vos yeux dans l'évidence de cette vallée encombrée de rochers qui s'achève dans l'eau morte. Partout ailleurs, on meurt et on se désintègre. Ici on meurt et on se confond... Cette atmosphère confère assez de vérité à un lieu commun comme « hors du monde » pour vous faire tressaillir l'âme [15].

Thomas Buckley raconte une histoire qui a trait à son maître vénéré – un oncle qui avait été initié par un « grand homme » des Indiens Yuroks sur la Klamath River. Buckley admirait la sérénité de son oncle, une impassibilité qui subsistait malgré la disparition de tout ce que le vieil homme avait aimé – les anciens, son mode de vie et les grands arbres. Son oncle voyait invariablement le monde sous les atours de l'Éternel : « La lumière », disait-il, est « le cours normal des événements. » Alors que Buckley traversait une période de profond désarroi, son oncle l'emmena pour une excursion au cœur des montagnes côtières de Californie, un endroit dont l'auteur avait souvent entendu parler et qu'il connaissait comme un lieu de pouvoir et de connaissance. Au cours du voyage, il subit à son grand étonnement une mutation de la conscience – mystique dans son intensité – qui lui permit de découvrir sa propre divinité.

EN MARCHANT JE VIS que ce n'était pas du tout la même piste. Chaque affleurement de schiste basaltique rosâtre, chaque épicéa, chaque pruche, chaque pin, chaque brin d'herbe, chaque baie, mûre, airelle, chaque céanothe, chaque fougère, chaque feuille d'angélique et d'érable, chaque libellule, chaque sittelle, chaque pigeon à queue barrée, chaque cèdre blanc tombé et chaque polypore desséché, chaque pli et chaque craquelure sur le champignon, chaque vaguelette sur le ruisseau et chaque caillou sur la piste, chaque chose était purement elle-même, légère, distincte de tout le reste, mais aussi parfaitement à sa place en ce lieu unique et multiforme d'une complexité et d'une beauté éblouissantes. Curieusement, plus la terre devenait belle et marquée, plus elle était transparente, comme si elle n'était qu'un couvercle posé sur le chaudron du monde. Et ce couvercle s'écartait pour que je puisse voir dans la marmite elle-même et la découvrir probablement sans fond, bouillonnante de couches superposées d'êtres et de choses que je n'imaginais pas et qui, alors que je les voyais clairement, demeuraient inimaginables (même comme créatures fantastiques), et qu'on ne comprendrait sans doute jamais pleinement, bien qu'il y eût, je le savais, des êtres qui étaient allés loin dans cette compréhension.

Le soleil brillait à travers les arbres, l'air m'emplissait de sa clarté, me dissolvait dans la lumière ; la lumière et l'air que je respirais devenaient un seul champ d'existence dans lequel je me déversais, anonyme, pour rejoindre les rangs de myriades d'êtres qui sont les formes uniques manifestées de ce champ, qui vont et viennent en des rondes mystérieuses, mais cependant parfaitement ordonnées et parfaitement compatissantes, qui vont et viennent dans la beauté. Et lorsque j'eus reconnu chaque chose à la surface du monde comme extrêmement distincte, parfaitement formée et autonome, alors cette surface se rejoignit en une seule trame tout entière immaculée. Ainsi, à présent, me retrouvant sans nom et sans force ni mérite particulier dans une succession éternelle de choses et d'êtres vus et non vus, bénins, inoffensifs et hautement dangereux, je devins de plus en plus distinct de moi-même, à chaque souffle, à chaque pas, le poids de mon corps et la lumière de mon œil aussi réels que le chant qui courait dans l'air vibrant [16].

Pharaon de l'Utah

Ô Serviteur, où Me cherches-tu ?

Vois ! Je suis à côté de toi.

Je ne suis ni dans le temple ni dans la mosquée :

    Je ne suis ni à la Kaaba ni sur le Kailash :

Pas plus que je ne suis dans les rites et les cérémonies,

    ni dans le Yoga et la renonciation.

Si tu es un fidèle sincère, tu Me verras aussitôt.

Tu me rencontreras dans un moment.

KABIR (1440-1518),
POÈTE, SAGE, SAINT-CHANTEUR DE BÉNARÈS,
DANS LE NORD DE L'INDE [17].

Dans son ouvrage désormais classique *Tristes Tropiques*, Claude Lévi-Strauss part en quête d'une « société humaine réduite à sa plus simple expression ». Son parcours du Brésil central au sud de l'Asie prend par moments les nuances d'un safari spirituel lorsqu'il rapporte des événements comme celui-ci – la reconnaissance d'une aspiration et d'un besoin communs à l'humanité.

JE ME SOUVIENS D'UNE PROMENADE à Clifton Beach, près de Karachi au bord de l'océan Indien. Au bout d'un kilomètre de dunes et de marais, on débouche sur une longue plage de sable sombre, aujourd'hui déserte mais où, les jours de fête, la foule se rend dans des voitures traînées par des chameaux plus endimanchés que leurs maîtres. L'océan était d'un blanc verdâtre. Le soleil se couchait ; la lumière semblait venir du sable et de la mer, par-dessous un ciel en contre-jour. Un vieillard enturbanné s'était improvisé une petite mosquée individuelle avec deux chaises de fer empruntées à une guinguette voisine où rôtissaient les *kebab*. Tout seul sur la plage, il priait [18].

Le Troisième Patriarche du Zen chinois (Ch'an), le maître Seng Ts'an, qui vécut au VIIe siècle, est l'un des trente-trois Patriarches que l'on considérait comme les dépositaires par transmission directe de la ligne orthodoxe du bouddhisme. Il déclarait :

QUAND LES DIX MILLE CHOSES sont vues dans leur unité,
Nous retournons à l'origine pour demeurer où nous avons toujours été...
L'un dans tout,
Tout dans l'Un –
Si seulement ceci est réalisé,
Il n'y a plus de souci de n'être pas parfait [19] !

Ch'ing, le chef charpentier, sculptait le bois pour en faire un socle d'instrument de musique. Quand il eut terminé, son œuvre parut à ceux qui la voyaient d'une exécution surnaturelle ; et le Prince de Lu lui demanda : « Quel mystère y a-t-il dans ton art ? »

« Aucun mystère, Votre Altesse, répondit Ch'ing. Et pourtant il y a quelque chose. Quand je m'apprête à faire un socle comme celui-là, je me préserve contre toute diminution de mon énergie vitale. Je commence par imposer à mon esprit une quiétude absolue. Après trois jours dans cet état, je me mets à oublier toute récompense qu'il y a à gagner. Après cinq jours, je me mets à oublier toute renommée qu'il y a à acquérir. Après sept jours, je deviens inconscient de mes quatre membres et de mon corps physique. Alors, sans plus aucune pensée de la Cour présente dans mon esprit, mon art se concentre, et tous les éléments perturbateurs de l'extérieur ont disparu. Je m'enfonce dans une forêt de montagne, et je cherche un arbre convenable. Il doit contenir la forme requise, qui est élaborée ensuite. Je vois le socle dans l'œil de mon esprit, et je me mets au travail. En dehors de cela il n'y a rien. Je mets mon aptitude innée en relation avec celle du bois. Ce que l'on soupçonne être d'une exécution surnaturelle dans mon œuvre est seulement dû à cela.

CHUANG TZU (VERS 399-295 AVANT J.-C.),
SAGE CHINOIS [20].

L'écrivain tasmanien Howard Murphet a commencé à visiter l'Inde en 1964 pour étudier le yoga et la philosophie orientale. Auparavant, il avait servi dans la VIIIe armée britannique d'El-Alamein à Tunis et avait également pris part au débarquement de Normandie. Dans son livre paru en 1993 *Where the Road Ends*, il décrit l'ouverture de son « centre cœur » spirituel tandis qu'il est assis un matin sous le grand banian d'Adyar, près de Madras dans le sud de l'Inde.

LA SURFACE DU SOL était couverte de sable sous le grand arbre rameux et les nombreux troncs qui descendaient jusqu'au sol lui donnaient l'apparence d'une cathédrale naturelle. Il arrivait que l'on donne des conférences sous cet arbre, mais en ce matin ensoleillé, j'étais seul dans l'ombre des feuilles, regardant entre les minces colonnes qui soutenaient la voûte de feuillage vert. Il semblait y avoir autour de lui une autre beauté spirituelle qui n'était pas de ce monde. Et soudain, sans avertissement, je me suis retrouvé assis dans la jyothi, la Lumière divine. Elle était tout autour de moi et en moi. Le monde physique n'avait pas entièrement disparu, il semblait avoir été repoussé sur le côté à quelque distance, mais la cathédrale naturelle du banian tout entière disparut et fut remplacée par la Lumière divine. La clarté du soleil, que je pouvais toujours discerner dans le monde extérieur, semblait aussi faible que la lueur d'une bougie en comparaison de la brillance, de la splendeur et de l'éclat de la vraie Lumière divine. Pourtant cette vive luminosité ne blessait pas mes yeux. Elle paraissait les apaiser. Peut-être ne la voyais-je pas par mes yeux naturels, mais par une vue intérieure de l'esprit. L'expérience, avec l'inexprimable extase qu'elle apportait, ne dura pas longtemps. Je savais qu'elle était venue comme un don de Dieu pour me rassurer et m'encourager, et je l'en remerciais [21].

Typographe non conformiste, e. e. cummings (1894-1962), poète de la Nouvelle-Angleterre, était aussi un révolutionnaire du langage. Ses expérimentations sur la ponctuation, les mots fracturés et l'emploi de verbes comme noms ont donné à sa poésie un aspect inhabituel qui a revigoré et enrichi la langue anglaise. Si les lignes suivantes extraites de « i am a little church » ne sont pas très représentatives de l'attrait visuel novateur du talent de cummings, elles reflètent en revanche un esprit en communion avec le mystère de la vie chez un poète qui un jour a dit : « On ne naît jamais assez. Nous sommes des êtres humains;pour qui la naissance est un mystère suprêmement bienvenu,le mystère de croître:le mystère qui n'arrive qu'à chaque fois que nous avons foi en nous-mêmes. »

je suis une petite église(pas une grande cathédrale)
loin de la splendeur et de la crasse des cités pressées...

autour de moi s'agite un miracle d'incessantes
naissance et gloire et mort et résurrection:
sur mon être endormi flottent des symboles flamboyants
d'espoir,et je m'éveille à une parfaite patience de montagnes

je suis une petite église(loin du monde frénétique,
de ses extases et de ses angoisses)en paix avec la nature...

hiver,printemps,je dresse ma minuscule flèche pour
Lui rendre grâce,Lui dont seul maintenant est éternel [22]...

Rituel d'accouplement

Les Bauls du Bengale sont des bardes du nord-est de l'Inde. Le mot *baul* signifie « fou » et fait référence aux ménestrels itinérants qui se tiennent à l'écart de l'hindouisme et de l'islam conventionnel. Profondément influencés par le mysticisme soufi, les Bauls ont fortement marqué les textes bengalis du XVIIe et du XVIIIe siècle. Une de leurs chansons, vieille de près de deux siècles, exalte le royaume éternel où l'amour est l'ultime vérité... la demeure sacrée de l'Esprit Suprême.

IL FLEURIT DEPUIS DES SIÈCLES, le lotus-âme, où je suis prisonnier, comme toi, sans évasion possible. Ses pétales s'ouvrent sans fin, et le miel à l'intérieur est si doux que tu ne peux t'en éloigner, comme une abeille ensorcelée, et ainsi tu es prisonnier, comme je le suis, et *mukti* [la libération de l'âme] n'est nulle part [23].

Comme on voit les grandes
feuilles engainantes
du plantain
dans son tronc,
ainsi Tu es le tronc
de l'univers
et tout est visible
en Toi.

PRIÈRE HINDOUE À VISHNU, LE CONSERVATEUR [24].

Saint Grégoire de Nysse (vers 335-vers 395), l'un des principaux interprètes et architectes de la tradition ascétique et mystique du monachisme d'Orient, décrit l'« inconnaissabilité » de l'Éternel pour l'esprit humain et déclare que la création dans sa totalité est à la fois ineffable et incompréhensible.

C'EST COMME LA PAROI VERTICALE d'une falaise de roche lisse, qui se dresse à partir de l'étendue sans limites de la mer jusqu'à son sommet surplombant l'abîme. Imaginez ce qu'un homme ressent lorsqu'il se tient juste au bord, et voit qu'il n'y a nulle prise pour poser la main ou le pied. L'esprit éprouve exactement la même sensation quand, dans sa quête de la Nature qui est en dehors du temps et de l'espace, il découvre qu'il a laissé derrière lui toute prise. Il n'y a rien pour « se raccrocher », ni lieu ni temps ni dimension ni autre chose, rien sur quoi la pensée puisse prendre appui. Où qu'il se tourne, l'esprit sent l'insaisissable lui échapper, le vertige le prend, il n'y a pas d'issue [25].

isages dans la falaise

Deux étudiants de l'université de Paris étaient allés rendre visite à Jan Ruysbroek, le grand mystique flamand du Moyen Âge (1293-1381), pour lui demander une maxime ou une devise qui pût leur servir de règle de vie.

Vos estis tam sancti sicut vultis, répondit Ruysbroeck.

« Vous êtes aussi saints que vous voulez l'être [26]. »

Cinq ans après son entrée à l'abbaye Notre-Dame de Gethsemani, un monastère trappiste dans une vallée près de Louisville, dans le Kentucky, Thomas Merton entama un journal retraçant les transformations qui prennent place dans les profondeurs de l'âme d'un moine. Ces développements intérieurs coïncidaient souvent avec les moments « sacramentels » de sa vie ou encore avec les rudiments des travaux monastiques quotidiens. Mais Merton découvrit aussi que la vie d'une âme suit son propre cours en dehors de ces influences. Vers la fin de son tour de veille à Gethsemani, par une chaude nuit d'été en juillet 1952, Merton monte jusqu'aux vieilles cloches en haut de l'escalier en spirale branlant et entame un dialogue avec l'Esprit.

ET MAINTENANT MON ÊTRE TOUT ENTIER respire le vent qui souffle à travers le beffroi, et ma main est sur la porte par laquelle je vois le ciel. La porte s'ouvre sur une vaste mer d'obscurité et de prière. Est-ce ainsi que ce sera, le moment de ma mort ? Ouvrirez-Vous une porte sur la grande forêt et poserez-Vous mes pieds sur une échelle sous la lune pour m'emmener parmi les étoiles ?

Le toit luit sous mes pieds, ce long toit de métal face à la forêt et aux collines, où je me tiens plus haut que le sommet des arbres et où je marche sur l'air brillant.

Des brumes de chaleur humide montent des champs autour de l'abbaye endormie. La vallée tout entière baigne dans le clair de lune et je peux compter les collines au sud, derrière le réservoir d'eau, de même que je peux presque dénombrer les arbres de la forêt au nord. À présent l'immense chœur des êtres vivants s'élève du monde sous mes pieds : la vie qui chante dans les cours d'eau, qui palpite dans les ruisseaux, dans les champs et dans les arbres, le chœur des millions et des millions de créatures qui sautent, qui volent et qui rampent. Et loin au-dessus de moi, la fraîcheur du ciel s'ouvre sur la distance glacée des étoiles.

Je pose la pendule sur la corniche du beffroi et je prie, jambes croisées, le dos contre la tour, face à la même question sans réponse.

Seigneur Dieu de cette grande nuit : voyez-Vous les bois ? Entendez-Vous la rumeur de leur abandon ? Contemplez-Vous leur secret ? Vous rappelez-Vous leurs solitudes ? Voyez-Vous que mon âme commence à se dissoudre en moi comme de la cire [27] ?

Saint Séraphim de Sarov (1759-1883) est un saint très populaire en Russie. Dans sa célèbre « Conversation » avec son disciple Motovilov, saint Séraphim révèle la nature de l'union mystique avec le divin.

Alors qu'ils sont assis dans les bois neigeux de Sarov, Motovilov perçoit l'état de transcendance de son père spirituel à travers une lumière rendue visible :

REPRÉSENTEZ-VOUS, DANS L'ORBE DU SOLEIL, dans l'éclat le plus éblouissant de midi, le visage d'un homme qui vous parle. Vous voyez ses lèvres bouger, l'expression de ses yeux, vous entendez sa voix, vous sentez ses bras qui entourent vos épaules, et pourtant vous ne voyez ni ses bras, ni son corps, ni son visage, vous perdez tout sens de vous-mêmes, vous ne voyez que la lumière aveuglante qui envahit tout, embrasant la couche de neige qui recouvre la clairière, et les flocons qui tombent sur vous deux comme une poudre blanche [28].

Hildegarde de Bingen nous a légué le terme *viriditas.* Elle évoque et célèbre « le verdoiement exquis des arbres et des herbes », la façon dont toute la création, et en particulier l'humanité, est « inondée de fraîcheur verdoyante, le pouvoir vital de fructifier ». Dans une vision de l'Univers, Hildegarde a découvert ce qu'on pourrait décrire comme les attributs métaphysiques et unitifs de la nature – une vision de la nature comme Esprit sacré du cosmos, avant qu'elle ne devînt profane. Le Saint Esprit lui adressa ces paroles remarquables :

JE SUIS CETTE FORCE SUPRÊME ET ARDENTE qui répand toutes les étincelles de vie. La mort n'a nulle part en moi, et cependant je la dispense, c'est pourquoi je suis entourée d'elle et de sagesse. Je suis cette essence vivante et ardente de la substance divine qui déferle dans la beauté des champs. Je brille dans l'eau, je brûle dans le soleil, la lune et les étoiles. Elle est mienne, cette force mystérieuse de l'invisible vent. J'alimente le souffle de tout ce qui vit. Je respire dans la verdure et dans les fleurs, et quand les eaux s'écoulent comme des êtres vivants, c'est moi. J'ai formé ces colonnes qui soutiennent la terre entière... Je suis la force cachée dans les vents, c'est en moi qu'ils trouvent leur source, et comme un homme se meut parce qu'il respire, le feu ne brûle que par mon souffle. Tous, ils vivent parce que je suis en eux et dans leur vie. Je suis la sagesse. C'est moi qui porte la parole de tonnerre par laquelle toutes choses furent créées. J'imprègne toutes les créatures pour qu'elles ne meurent pas. Je suis la vie [29].

Kathleen Norris suggère dans ce passage comment un improbable paysage de vastes contradictions peut être comme une porte qui mène « là où tout se rejoint », dans la rencontre du ciel et de la terre à l'intérieur de l'âme.

LE DÉNUEMENT DE CETTE TERRE et du ciel dans ce qu'ils ont d'extérieur et d'apparent contraint une personne à se tourner vers l'intérieur. La beauté des Plaines est comme celle d'une icône ; il n'y a pas de place en elle pour le sentiment ou la romance. Le relief de la terre, avec ses buttes et ses curieux détours, est comme le flux du chant grégorien qui s'élève et retombe au-delà de la mélodie, au-delà de la raison ou de l'attente humaine, mais à la perfection.

Peut-être que voir les Plaines, c'est comme voir une icône ; ce qui paraît austère et presque vide est seulement ouvert, une porte donnant sur un état de simplicité et de sainteté [30].

Le grand sage andalou Ibn `Arabi (1165-1240) est né à Murcie dans le sud de l'Espagne dans une famille arabe de la tribu de Ta'i. Son plus grand « chef-d'œuvre » fut sa propre vie, écrit Seyyed Hossein Nasr, « une vie extraordinaire où la prière, l'invocation, la contemplation et les rencontres avec divers saints soufis se mêlaient à une vision théophanique du monde spirituel dont l'invisible hiérarchie lui fut révélée [31] ». Dans le monde islamique il était surnommé Muhyi al-Din, le Revivificateur de la Religion. Sa vision de l'univers est axée sur le principe de l'universalité de la révélation, l'idée que tous les prophètes sont un aspect de la Présence divine – le Centre suprême – et que chacun est en fait « un logos » en soi. Ibn `Arabi croyait en l'unité transcendante du noyau central de toutes les religions. Il avait compris qu'en définitive tous les chemins inspirés par le divin convergent vers le même sommet, et qu'avoir embrassé complètement une seule foi, c'est les avoir embrassées toutes ; une conviction qu'il immortalisa dans son célèbre poème souvent cité :

Mon cœur est devenu capable de toute forme : il est une pâture pour
les gazelles et un couvent pour les moines chrétiens,
Et un temple pour les idoles et la Ka'ba du pèlerin et les tables de la
Torah, et le livre du Coran.
Je suis la religion de l'Amour : quelle que soit la voie que prennent
les chameaux de l'Amour, c'est ma religion et ma foi [32].

Racines chaotiques

Quelle merveille, la manière dont l'homme est fait et formé si l'on pénètre sa vraie nature... et c'est une grande chose, quand on y songe, qu'il n'y rien ait au ciel ou dans la terre qui ne soit aussi dans l'homme... Car Il dit Lui-Même qu'Il est en nous, et que nous sommes Son temple.

PARACELSE [33].

Une personne trouve dans son être même, réfléchis en miniature, pour ainsi dire, la puissance, la sagesse et l'amour du Créateur. Si tous les sages du monde étaient rassemblés, et leurs vies prolongées pour un temps infini, ils ne parviendraient pas à apporter la moindre amélioration à la construction d'une seule partie du corps.

ABU HAMID MUHAMMAD AL-GHAZZALI (1058-1111),
LETTRÉ ET VISIONNAIRE PERSAN [34].

Parmi les enseignements qu'il dispense dans l'Himalaya, un *Baul* – mystique et conteur itinérant – rapporte un pèlerinage qu'il a accompli quand il était déjà un homme âgé à Badri Narayan, le pays de Shiva, dieu hindou de la procréation et de la destruction. Il dépeint un voyage dans les multiples plans de l'existence.

LA MONTÉE ÉTAIT DURE. J'étais presque mort de fatigue avant d'atteindre le sommet ; et j'ai dit à mes compagnons : « Si je n'y arrive pas, laissez-moi là où je tombe sur la terre de Shiva. » Mais finalement j'ai atteint le sommet et je suis entré dans le temple. C'était exactement comme d'être avalé par une énorme baleine, en même temps que tout ce qui se trouvait autour de moi. Quatre ou cinq autres membres de notre groupe entrèrent au même moment et éclatèrent en sanglots. J'ai demandé : « Pourquoi pleurez-vous ? » Ils ne pouvaient pas répondre. Ils avaient ressenti quelque chose. Pour ma part, j'ai vu « Cela » de mes yeux grands ouverts ; et à présent je le connais. Tel fut mon pèlerinage sur la Montagne. Je suis redescendu, mais je suis un homme différent [35].

La religion organisée est-elle trop inextricablement attachée au statu quo pour sauver notre nation et le monde ? Peut-être faut-il que je tourne ma foi vers l'église spirituelle intérieure, l'église dans l'église, pour y trouver la véritable *ecclesia* et l'espoir du monde.

MARTIN LUTHER KING, JR. (1929-1968)
LETTRE ÉCRITE À LA PRISON DE BIRMINGHAM CITY, 1963 [36].

Le cheminement spirituel est ainsi fait. La régénération intérieure ne vient que lorsque le réceptacle extérieur a été mis en place. Alors les formes mêmes qui paraissaient à l'origine restrictives deviennent libératrices, car l'officiant a été libéré de la nature déchue de la réalité. La rose de la tradition s'épanouit pour révéler la présence de l'Éternel à l'intérieur, et le flux de la vie libéré ne trouve pas de meilleur véhicule pour s'exprimer que ces mêmes mots de prière que l'on a toujours dits.

ELIEZER SHORE,
ÉCRIVAIN ET PROFESSEUR DE SPIRITUALITÉ JUIVE
À JÉRUSALEM [37].

Aigle

Chaque grand lieu a son propre daimon [esprit auxiliaire], et finit par se manifester dans une vie parfaite... Chaque grand lieu s'exprime parfaitement dans ses propres fleurs, ses propres oiseaux et autres animaux, et finalement dans ses propres hommes par leurs œuvres parfaites. Les montagnes se manifestent par l'ineffable perfection qui s'exprime dans la fleur bleue de la gentiane et dans celle, si douce et pourtant modelée comme des cristaux de neige, de l'edelweiss. Les strates mêmes de la terre en arrivent à un point de concentration parfaite et ineffable dans les saphirs et les émeraudes qu'elles contiennent. Il en va ainsi de tous les mondes et de tous les lieux du monde. Nous pouvons le considérer comme une loi.

D. H. LAWRENCE (1885-1930),
THE SPIRIT OF PLACE [38].

NOTES

Épigraphes

1. Voir Gretel Ehrlich, « Landscape », *in* Constance Sullivan (éd.), *The Legacy of Ligtht*, New York, Alfred A. Knopf, 1987, p. 20.
2. Anthony de Mello, *Awareness*, New York, Doubleday, 1990, p. 148.
3. Ansel Adams et Mary Street Alinder, *Ansel Adams : An Autobriography*, Boston, Little, Brown, 1985, p. 382.
4. Pierre Teilhard de Chardin, *The Future of Man*, New York, Harper & Row, 1969, p. 322. (Titre français : *L'Avenir de l'homme*, éditions du Seuil.)
5. Voir Karan Singh, *Essays on Hinduism*, Delhi, Ratna Sagar, 1990, p. 3.
6. Cité dans *The Temple of Understanding Newsletter*, printemps 1995, n. p. (Les termes exacts de cette phrase, comme d'ailleurs son attribution à Malraux, ont souvent été discutés. Voir par exemple François Dournon, *Dictionnaire des mots et formules célèbres*, Dictionnaires Le Robert, 1995. [N.d.T.])

Introduction

1. Ralph Waldo Emerson, « Self-Reliance », *in* Carl Bode (éd.), *The Portable Emerson*, New York, Viking Penguin, 1981, p. 141.
2. Voir Paul Devereux, *Earth Memory*, Saint Paul, Minnesota, Llewellyn Publications, 1992, pp. 148-149.
3. James Parks Morton, préface à *The Living Cathedral : St. John the Divine*, New York, Crossroad Publishing, 1993, p. 8.
4. Cité par Aldous Huxley, *The Perennial Philosophy*, New York, New American Library, 1972, p. 69.

5. « D'autres joies, poursuit *The Catholic Encyclopedia*, seront la contemplation de l'humanité du Christ, la compagnie de Notre Seigneur, des anges et des saints, et la compréhension de la création. »
6. Dante, *Paradise*, traduit par Charles Eliot Norton, Boston, Houghton Mifflin, 1902, p. 208.
7. Walt Whitman, *Leaves of Grass*, édité par Harold W. Blodgett et Sculley Bradley, Chicago, University of Chicago Press, 1995, p. 471. Voir aussi Walt Whitman, « Poems of Joy », *The Blue Book : The 1860-61 Leaves of Grass*, New York, New York Public Library, 1968, p. 259.
8. Belden C. Lane, *Landscapes of the Sacred*, New York, Paulist Press, 1988, p. 15.
9. Mircea Eliade, *Patterns in Comparative Religion*, traduit par Rosemary Sheed, New York, New American Library, 1974, p. 369. (Titre français : *Traité d'histoire des religions*, éditions Payot.)
10. Mircea Eliade, *The Sacred and the Profane : The Nature of Religion*, traduit par William R. Trask, San Diego, Harcourt Brace Jovanovich, 1959, p. 13. (Titre français : *Le Sacré et le Profane*, éditions Gallimard.)
11. Amadou Hampâté Bâ, « Earth, Moon and Sun », *Parabola*, vol. XIV, n° 3, 1989, pp. 49-50.
12. Voir T. C. McLuhan, *The Way of the Earth : Encounters with Nature in Ancient and Contemporary Thought*, New York, Simon & Schuster, 1994, p. 386.
13. Kevin J. Gilbert, *Because a White Man'll Never Do It*, Sydney, Angus & Robertson, 1973, p. 3.
14. Cité par Stephen Hirst, *Havsuw'Baaja : People of the Blue Green Water*, Supai, Arizona, The Havasupai Tribe, 1985, p. 204.
15. Cité par Anita Parlow, *Cry, Sacred Ground : Big Mountain U.S.A.*, Washington, D.C., The Christic Institute, 1985, p. 2.
16. Cosmas Okechukwu Obiego, *African Image of the Ultimate Reality : An Analysis of Igbo Ideas of Life and Death in Relation to Chunkwu-God*, Francfort-sur-le-Main, Peter Lang, 1984, p. 144.
17. Voir McLuhan, *The Way of the Earth*, pp. 144-146 ; voir aussi Daisetz Suzuki, *Japanese Spirituality*, traduit par Norman Waddell, Tokyo, Japan Society for the Promotion of Science, 1972 – New York, Greenwood Press, 1988.
18. Kostas Pasagianis, « Greek Travels », *in* Philip Sherrard (éd.), *The Pursuit of Greece*, Athens, Denise Harvey & Co, 1987, pp. 168-169.
19. Ralph Waldo Emerson, « Worship », cité par Richard G. Geldard, *The Esoteric Emerson*, Hudson, New York, Lindisfarne Press, 1993, p. 177.
20. Pour une étude éclairante de cette question, voir Belden C. Lane, « Axioms for the Study of Sacred Space », *Landscapes of the Sacred*, pp. 11-33.

21. Cité dans *In Celebration of Trees*, une production de Discovery Channel, en association avec Al Giddings Images Unlimited, Inc., 1991 ; réalisé et filmé par Al Giddings ; produit par Terry Thompson et Sam Shore.

22. Voir William E. Geist, « Central Park : 5 Rms, No Fee, Great Breeze », *in* « About New York », *New York Times*, 27 septembre 1986.

23. Robert C. Lake Jr. (Medicine Grizzly Bear), *Chilula : People from the Ancient Redwoods*, Washington, D.C., University Press of America, 1982, p. 112. « Nos ancêtres avaient coutume de se promener dans la forêt profonde pour y entendre les secrets de la vie et pour parler au Créateur », continue Davis. « Dans la solitude et l'atmosphère chargée de spiritualité de la forêt de séquoias redwood, leurs prières recevaient une réponse. »

24. Voir Michelle Gilbert, « The Sources of Power in Akuropon-Akuapem : Ambiguity in Classification », *in* W. Arens et Ivan Karp (éd.), *Creativity of Power : Cosmology and Action in African Societies*, Washington, D.C., Smithsonian Institution Press, 1989, p. 59.

25. C. G. Jung, *Memories, Dreams, Reflections*, édité par Aniela Jaffe, New York, Vintage Books, 1989, p. 198.

26. Hildegarde de Bingen, *Illuminations of Hildegard of Bingen*, commentaires de Matthew Fox, Santa Fe, Nouveau-Mexique, Bear & Company, 1985, p. 30

27. James G. Cowan, *Letters from a Wild State : Rediscovering Our True Relationship to Nature*, New York, Bell Tower, 1991, p. 26.

28. Pour une étude très vivante de ce que l'archéologue Rachel Levy appelle « la religion des cavernes », voir Rachel Levy, *The Gate of Horn : A Study of the Religious Conceptions of the Stone Age and Their Influence upon European Thought*, Londres, Faber & Faber, 1943. Selon la théorie de Levy, les cavernes préhistoriques souterraines étaient des centres spirituels destinés à accueillir des rites d'initiations et autres rituels shamaniques. En cela, avance l'archéologue, elles sont les expressions organiques du développement – autant que de l'aboutissement – religieux, artistique et social de l'ancien monde, avant l'âge du fer. Levy suggère que les grottes préhistoriques représentent un ensemble d'idées cohérentes qui ont eu un impact profond sur les civilisations ultérieures.

29. Henry de Lumley, directeur du Museum national d'histoire naturelle de France, cité dans « Behold the Stone Age », *Time*, 13 février 1995, p. 62.

30. Thomas Merton, *The Asian Journal*, édité par Naomi Burton, le frère Patrick Hart et James Laughlin, New York, New Directions, 1973, pp. 235-236. On trouvera dans la seconde partie de ce livre, « Cathédrales immémoriales », une description du pèlerinage de Merton à

Mahabalipuram et Polonaruwa (au Sri Lanka). À Polonaruwa, les grandes statues de Bouddha – formes vivantes saisies en plein mouvement, immobiles, silencieuses, souriantes – ont frappé Merton de stupeur. « C'est l'Asie dans sa pureté », écrit-il.

31. George William Russell (connu sous le nom d'AE), *Song and its Fountains*, New York, Macmillan, 1932, p. 7 ; voir aussi AE cité par Raynor C. Johnson, *The Light and the Gate*, Londres, Hodder & Stoughton, 1964, pp. 42-43.
32. Cité par Stan Steiner, *The Vanishing White Man*, New York, Harper & Row, 1976, p. 8.
33. Cité par Frances Densmore, « Teton Sioux Music », Bulletin n° 61 du Bureau of American Ethnology, 1918, p. 214.
34. George William Russell, *The Candel of Vision*, New Hyde Park, New York, University Books, 1965, p. 28.
35. Dōgen, *Shōbōgenzō : Zen Essays of Dōgen*, traduit par Thomas Cleary, Honolulu, University of Hawaii Press, 1986.
36. Cité par Alphonso Ortiz, *The Tewa World : Space, Time, Being and Becoming in Pueblo Society*, Chicago, University of Chicago Press, 1969, p. 13.
37. Emanuel Swedenborg, *Heaven and Its Wonders and Hell*, New York, Swedenborg Foundation, 1980 ; première publication en latin, Londres, 1758, pp. 49-50.
38. Voir McLuhan, *The Way of the Earth*, p. 15.
39. Merton, *The Asian Journal*, p. 236.
40. Cité dans *Sanathana Sarathi*, février 1977, p. 271.
41. Thérèse d'Avila, *The Interior Castle*, traduit par Kiernan Kavanaugh et Otilio Rodriguez, New York, Paulist Press, 1979, p. 21.
42. Richard N. Niebuhr, « Pilgrims and Pioneers », *Parabola*, vol. IX, n° 3, 1984, p. 7.
43. Richard Leviton, « Designing Your Pilgrimage », *Quest*, vol. 7, n° 4, 1994, pp. 25-29.
Le Vénérable Tara Tulku, un moine bouddhiste tibétain, affirme que l'expression qui correspond au terme « pèlerinage » en tibétain signifie « tourner autour d'un lieu », accomplir une circumambulation. Il dit que « le Dharma lui-même tourne autour du globe. La planète entière devient une Roue du Dharma. » (Voir l'interview de Tara Tulku dans *Parabola*, vol. IX, n° 3, 1984.)
44. Dorothy Day, *On Pilgrimage*, New York, Catholic Worker Books, 1948, pp. 59, 126, 138.
45. Hermann Hesse, *The Journey to the East*, New York, Farrar, Strauss & Giroux, 1968, pp. 12-13.
46. *Desert Stories*, documentaire d'une demi-heure sur le peuple Pintupi d'Australie centrale, 1984. Le film est axé sur quelques personnages attachants, des anciens du peuple Pintupi, et sur leurs

histoires à propos de la communauté aborigène Papunya près d'Alice Spring, dans le centre de l'Australie. Réalisé et monté par Lindsay Frazer ; écrit et raconté par Billy Marshall-Stoneking ; produit par Nick Frazer, Network 0/28, Special Broadcasting Service, 1984.

47. Toutes les déclarations du photographe Eliot Bowen sont extraites de ses conversations, de ses entretiens et de sa correspondance avec l'auteur.

Cathédrales d'arbres

1. Cité par Soiku Shigematsu, (compilateur et traducteur), *A Zen Forest*, New York et Tokyo, Weatherhill, 1981, p. 120.
2. Voir Charles Fenyvesi, *Trees*, New york, St. Martin's Press, 1992, citation liminaire.
3. James G. Cowan, *Letters from a Wild State : Rediscovering Our True Relationship to Nature*, New York, Bell Tower, 1991, pp. 88-89, 96.
4. Satish Kumar, *No Destination*, Bideford, Devon, Resurgence, 1992, p. 183.
5. Matsuo Bashō, *in* Makoto Ueda, *Matsuo Bashō*, New York, Twayne Publishers, 1970, p. 137.
6. Cité par Aldous Huxley, *The Perennial Philosophy*, New York, New American Library, 1972, p. 69.
7. Cité par Geoffrey Keynes (éd.), *The Letters of William Blake*, Cambridge, Harvard University Press, 1966, p. 31.
8. William Blake *in* Keynes, *Letters of William Blake*, p. 30.
9. Georges Séféris, *Poems*, traduit par Rex Warner, Boston, Nonpareil Books, 1978, p. 49.
10. Voir Naveen Patnaik, *The Garden of Life : An Introduction to the Healing Plants of India*, New York, Doubleday, 1993, p. 23.
11. *Ibid.*, p. 16.
12. *Ibid.*
13. *Ibid.*, p. 23.
14. Cité par Evelyn Undehill, *Mysticism*, New York, New American Library, 1974, pp. 190-191.
15. Laurens van der Post, conversation avec Jean-Marc Pottiez, *A Walk with a White Bushman*, Londres, Chatto & Windus, 1986, p. 3.
16. Cité par Frederic I. Carpenter, *Laurens van der Post*, New York, Twayne Publishers, 1969, p. 15.
17. Laurens van der Post, *A Far-Off Place*, New York, William Morrow, 1974, pp. 79-80.
18. Voir Steven C. Rockefeller et John C. Elder (éd.), *Spirit and Nature*, Boston, Beacon Press, 1992, p. 174.

19. Allen Meredith, *in* Anand Chetan et Diane Brueton, *The Sacred Yew*, Harmondsworth, Penguin, 1994, p. 12.
20. Rabindranāth Tagore, *in* Amiya Chakravarty (éd.), *A Tagore Reader*, New York, The Macmillan Company, 1961, p. 279.
21. *Ibid.*, p. 87.
22. Natalie Curtis (éd.), *The Indians' Book*, New York, Harper & Brothers, 1923 – New York, Dover Publications, 1968, p. 11.
23. Pour un récit détaillé, documenté et fascinant de la vie d'Hildegarde de Bingen, voir la mère Columba Hart et Jane Bishop, *Hildegard of Bingen*, New York, Paulist Press, 1990.
24. Hildegarde de Bingen, *in ibid.*, p. 124.
25. *The Wisdom of the Desert Fathers*, traduit par la sœur Benedicta Ward, Oxford, SLG Press, 1975, p. 43.
26. Chef John Snow, *These Mountains Are Our Sacred Places*, Toronto, Samuel Stevens, 1977, pp. 146-147.
27. Matsuo Bashō, *The Narrow Road to the Deep North*, traduit par Nobuyuki Yuasa, Harmondsworth, Penguin Books, 1966, p. 26.
28. George Clutesi, *Potlatch*, Sidney, British Columbia, Gray's Publishing, 1969, p. 89.
29. Opal Whitely, « The Joy-Song of Nature », *in* Benjamin Hoff (éd.), *The Singing Creek Where the Willows Grow : The Rediscovered Diary of Opal Whitely*, New York, Ticknor & Fields, 1986 – première publication en 1920 sous le titre *The Story of Opal : The Journal of an Understanding Heart*, pp. 59-60. Voir aussi Lorraine Anderson (éd.), *Sisters of the Earth : Women's Prose and Petry About Nature*, New York, Vintage, 1991.
30. Kofi Awoonor, *Comes the Voyager at Last : A Tale of Return to Africa*, Trenton, New Jersey, Africa World Press, 1992, p. 43.
31. Patnaik, *Garden of Life*, p. 153.
32. Henry David Thoreau, « Walking », *The Natural History Essays*, Salt Lake City, Peregrine Smith, 1980, p. 116.
33. AE, *The Candle of Vision*, New Hyde Park, New York, University Books, p. 170.
34. Les méditations de George William Russell sur la « substance sacrée qu'on appelle la glaise », la Grande Terre-Mère, reviennent tout au long de ses deux ouvrages *The Candle of Vision* (*Le Flambeau de la vision*) et *Song and its Fountains* (*Aux fontaines de l'inspiration*), d'où sont extraites ces réflexions. Voir *Song and its Fountains*, New York, Macmillan, 1932, p. 7 ; *The Candle of Vision*, pp. 32-33.

35. George Nakashima, *The Soul of a Tree : A Woodworker's Reflections*, New York, Kodansha International, 1981, pp. xxi, 81, 84.
36. Cité par Richard Wilhelm (traducteur), *The Secret of the Golden Flower : A Chinese Book of Life*, New York, Harcourt Brace Jovanovich – a Harvest/HBJ book, 1962, p. 128.
37. Stephanie Kaza, *The Attentive Heart : Conversations with Trees*, New York, Fawcett Columbine, 1993, p. 157.
38. *Ibid.*, p. 152.
39. *Ibid.*, pp. 154-155.
40. Paracelse, *in* Jolande Jacobi (éd.), *Paracelsus : Selected Writings*, Bollingen Series XXVIII, New York, Pantheon, 1951, p. 183.
41. Voir Karan Singh, *Essays on Hinduism*, Delhi, Ratna Sagar, 1990, pp. 1-3.
42. Cité par Patnaik, *Garden of Life*, p. 7.
43. Cité par Claire Holt, *Art in Indonesia : Continuities and Change*, Ithaca, New York, Cornell University Press, 1967, p. 76.
44. « Readers Write About « Trees' », *The Sun*, août 1991, pp. 24-25.
45. Patnaik, *Garden of Life*, p. 24.
46. *Ibid.*
47. Rainer Maria Rilke, traduit par Albert Ernest Flemming, *Selected Poems*, New York, Routledge, 1990, p. 28.
48. Voir E. A. Wallis Budge, *An Egyptian Reading Book*, Londres, Kegan Paul, Trench, Trubner, 1896 – New York, AMS Press, 1976, pp. xxi.
49. Diane Wolkstein, *The Magic Orange Tree*, New York, Schocken Books, 1980, p. 14.
50. Rainer Maria Rilke, *Selected Works, Prose*, vol. 1, traduit par G. Craig Houston, Londres, Hogarth Press, 1954, pp. 34-36.
51. Forrest Carter, *The Education of Little Tree*, New York, Delacorte, 1976, pp. 61-62. Pour plus de détails sur le caractère authentique et/ou fictif de l'ouvrage, voir McLuhan, *The Way of the Earth*, pp. 389, 511 ; et Lawrence Clayton, « Forrest Carter/Asa Carter and Politics », *Western American Literature*, mai 1986, pp. 19-26.
52. Tagore *in* Chakravarty, *Tagore Reader*, p. 328.
53. Cité par Chiang Yee, *The Chinese Eye*, Bloomington, Indiana University Press, 1964, p. 96.
54. Patnaik, *Garden of Life*, p. 37.
55. *Ibid.*

56. Cité par Huxley, *The Perennial Philosophy*, p. 69.
57. Robert Walshe, *Wales' Work*, New York, Ticknor & Fields, 1986, p. 257.
58. Cité par Chetan et Brueton, *Sacred Yew*, p. 19.
59. Sir George Trevelyan, avant-propos, *in ibid.*, pp. xi-xii.
60. Cité par Patnaik, *Garden of Life*, p. 19.
61. Cité par Howard Mumford Jones, *O Strange New World : American Culture : The Formative Years*, New York, Viking, 1965, pp. 14-15.

Cathédrales immémoriales

1. Gretel Erhlich, « Landscape », *in* Constance Sullivan (éd.), *The Legacy of Light*, New York, Alfred A. Knopf, 1987, p. 17.
2. Al-Ghazzali *in* Syed Nawab Ali, *Some Moral and Religious Teachings of Al-Ghazzali*, Lahore, Sh. Muhammad Ashraf, 1920, p. 120.
3. Marco Pallis, *The Way and the Mountain*, Londres, Peter Owen, 1961, pp. 25-26.
4. Laurens van der Post, conversation avec Jean-Marc Pottiez, *A Walk with a White Bushman*, Londres, Chatto & Windus, 1986, p. 317.
5. Jack McPhee, *in* Sally Morgan, *Wanamurraganya : The Story of Jack McPhee*, Fremantle, Australie, Fremantle Arts Centre Press, 1989, pp. 58-59.
6. C. G. Jung, *Memories, Dreams, Reflections*, New York, Vintage Books, 1989, pp. 255-256.
7. Interview de Tara Tulku, Rinpoche, « A New Dwelling », *Parabola*, vol. IX, n° 3, 1984, pp. 30-39.
8. Voir Columba Stewart (traductrice), *The World of the Desert Fathers*, Oxford, SLG Press, 1986, pp. 40-41.
9. Thomas Miller, *Desert Skin*, Salt Lake City, University of Utah Press, 1994, pp. 93-95.
10. Voir Barbara Novak, *The Ape & the Whale*, Moose, Wyoming, Homestead Publishing, 1995, p. 75.
11. *Ibid.*, p.80.
12. *Ibid.*, pp. 21-22.
13. Clive James (éd.), *Vedanta : An Anthology of Hindu Scriptures, Commentary, and Poetry*, New York, Bantam, 1974, p. 5.
14. Thomas Merton, *The Asian Journal*, édité par Naomi Burton, le frère Patrick Hart et James Laughlin, New York, New Directions, 1973, p. 236.
15. *Ibid.*, p. 230.

16. *Ibid.*, pp. 233-236.

17. *Ibid.*, p. xxiii.

18. *Ibid.*, pp. 197-198, 235-236.

19. Anand Chetan et Diane Brueton, *The Sacred Yew*, Harmondsworth, Penguin, 1994, p. 8.

20. Seyyed Hossein Nasr, *Islamic Art and Spirituality*, Albany, State University of New York Press, 1987, p. 196.

21. *Ibid.*, p. 202.

22. *Ibid.*, pp. 39, 183.

23. Rina Swentzell, *An Understated Sacredness*, dans la série *Colores*, une production de la KNME TV 5, Albuquerque, Nouveau Mexique, 1992. Les sanctuaires, explique Swentzell, agissent comme des points de contact entre les diverses sphères d'existence de la culture pueblo. « Les sanctuaires, à la fois jalons et centres [qui remplissent la vie de la communauté pueblo], dit-elle, sont alors des rappels constants de la nature religieuse et symbolique de la vie. »

24. Voir Unni Wikan, *Mannaging Turbulent Hearts : A Balinese Formula for Living*, Chicago, University of Chicago Press, 1990, p. 166.

25. John Wesley Powell, introduction de Wallace Stegner, *The Exploration of the Colorado River and its Canyons*, première publication aux États-Unis en 1875 sous le titre *Canyons of the Colorado* – New York, Penguin Books, 1987, p. 397. Enivré par la beauté surnaturelle du canyon, Powel s'extasie : « Le Grand Canyon est une terre qui chante. Des montagnes de musique soulèvent les rivières, des collines de musique gonflent les ruisseaux et des prairies de musique murmurent dans les ruisselets qui bruissent sur les rocs. L'ensemble forme une symphonie aux innombrables mélodies. C'est la musique des eaux. Les fondements diamantins de la terre ont été ouvragés en une harpe sublime, sur laquelle les nuages des cieux jouent de terribles tempêtes ou de douces averses » (pp. 394, 397).

26. Extrait d'un manuscrit non publié de Kofi Awoonor, *A Memoir*. Avec l'autorisation de l'auteur.

27. Voir *AICH Community Bulletin*, printemps 1995, p. 13.

28. Matsuo Bashō, *in* Nobuyuki Yuasa (traducteur), *The Narrow Road to the Deep North*, Harmondsworth, Penguin, 1966, p. 122.

29. John Blofeld, *The Wheel of Life : The Autobiography of a Western Buddhist*, Boston, Shambhala, 1988, p. 117.

30. *Ibid.*, pp. 116-11.

31. Stephanie Kaza, *The Attentive Heart : Conversations with Trees*, New York, Fawcett Columbine, 1993, p. 128.
32. James G. Cowan, *Letters from a Wild State : Rediscovering Our True Relationship to Nature*, New York, Bell Tower, 1991, p. 117-118.
33. Yi-Fu Tuan, *Topophilia : A Study of Environmental Perception, Attitudes, and Values*, Englewood Cliffs, New Jersey, Prentice-Hall, 1974.
34. Lama Anagarika Govinda, *The Way of the White Clouds*, Londres, Rider & Co, 1992, pp. 45-46.
35. Lex Hixon, *The Heart of the Koran*, Wheaton, Illinois, The Theosophical Publishing House, 1988, pp. 18-20.
36. Voir James Bishop, *Epitaph for a Desert Anarchist : The Life and Legacy of Edward Abbey*, New York, Atheneum, 1994, citation liminaire.

Cathédrales à ciel ouvert

1. Gretel Erhlich, *The Solace of Open Spaces*, New York, Viking, 1985, p. 14.
2. Voir T. C. McLuhan, *The Way of the Earth*, New York, Simon & Schuster, 1994, p. 409
3. Edward Abbey, *Desert Solitaire*, Tucson, University of Arizona Press, 1988, pp. 163-164.
4. Belden C. Lane, *Landscapes of the Sacred*, New York, Paulist Press, 1988, pp. 13-14.
5. Voir Gretel Ehrlich, « Landscape », *in* Constance Sullivan (éd.), *The Legacy of Ligth*, New York, Alfred A. Knopf, 1987, pp. 20, 21.
6. Chiang Yee, *The Chinese Eye*, Bloomington, Indiana University Press, 1964, pp. 9-10.
7. Cité par Lane, *Landscapes of the Sacred*, p. vii.
8. Kazuaki Tanahashi, *Brush Mind*, Berkeley, Californie, Parallax Press, 1990, p. 131.
9. Muso Soseki, « Temple of Eternal Light », *Sun at Midnight : Poems and Sermons by Muso Soseki*, traduit par W. S. Merwin et Soiku Shigematsu, San Francisco, North Point Press, 1989, p. 122.
10. Abbey, *Desert Solitaire*, pp. 171-172.
11. Voir Chiang Yee, *The Chinese Eye*, p. 92.
12. Oren Lyons travaille en outre pour le « United Nations Global Forum » et parcourt le monde avec un passeport iroquois. Cette citation est extraite d'une interview réalisée pour la série de TBS *The Native Americans*, première partie, octobre 1994.
13. AE, « Ireland Behind the Veil », *in* Raghavan Iyer et Nandini Iyer (éd.), *The Descent of the Gods*, Gerrards Cross, Buckinghamshire, Colin Smythe, 1988, pp. 637-638.

14. Li Po, « On the Mountain : Question and Answer », *in* Cyril Birch (éd.), *Anthology of Chinese Literature*, New york, Grove, 1965, p. 242.
15. Maître du Ch'an Hui hai, *The Zen Teaching of Hui Hai*, traduit par John Blofeld, Londres, Rider & Company, 1962, p. 111.
16. Sharon Butala, *The Perfection of the Morning : An Apprenticeship in Nature*, Toronto, HarperCollins, 1994, pp. 216-217.
17. Voir W. A. Braarem (compilateur), *Luo Zaho : Indonesian Poetry*, Port Moresby, Papua Pocket Poets, 1967, p. 7.
18. C. Hooykaas, *Cosmogony and Creation in Balinese Tradition*, La Haye, Martinus Nijhoff, 1974, p. 149.
19. Marco Pallis, *The Way and the Mountain*, Londres, Peter Owen, 1961, p. 112.
20. *Ibid.*, pp. 112-113.
21. Cité par Chiang Yee, *The Chinese Eye*, p. 135.
22. George William Russell, « Ireland Behind the Veil », *Universal Brotherhood*, juin 1897 ; réédité *in* Katherine Tingley (éd.), *The Theosophical Path*, Point Loma, Californie, vol. XXII, n° 3, mars 1922 ; réédité également *in* Iyer et Iyer, *Descent of the Gods*, pp. 639-640.
23. Cité par Evelyn Underhill, *Mysticism*, New York, New American Library, 1974, p. 208.
24. Tessa Bielecki, « Bridal Mysticism », *in* Susan Walker (éd.), *Speaking of Silence*, New York, Paulist Press, 1987, pp. 40-42.
25. Julian Lang (éd. et traducteur), *Ararapikva : Creation Stories of the People*, Berkeley, Californie, Heyday Books, 1994, pp. 9, 22-25.
26. Kathleen Norris, *Dakota : A Spiritual Geography*, Boston, Houghton Mifflin Company, 1993, pp. 15, 17-19.
27. John Blofeld, *The Wheel of the Life. The Autobiography of a Western Buddhist*, Boston, Shambhala Publications, 1988, p. 118.
28. *Ibid.*, p. 151.
29. *Ibid.*, p. 15.
30. Amy Barratt, « The Mountain », *The Antigonish Review*, n° 99, automne 1994, p. 136.
31. Lama Anagarika Govinda, *The Way of the White Clouds*, Londres, Rider & Co, 1992, p. 62.
32. Thomas Berry, « The Meadow Across the Creek », manuscrit non publié. Avec l'autorisation de l'auteur.
33. Ralph Waldo Emerson, *English Traits*, Boston, Phillips, Sampson & Company, 1857, p. 55.

34. Cité par Jolande Jacobi (éd.), *Paracelsus : Selected Writings*, Bollingen Series XXVIII, New York, Pantheon, 1951, p. 50.

Cathédrales intérieures

1. Thomas Merton, *The Asian Journal*, édité par Naomi Burton, le frère Patrick Hart et James Laughlin, New York, New Directions, 1973, pp. xxix.
2. Cité par Richard Maurice Bucke, *Cosmic Consciousness*, Secaucus, New Jersey, Citadel Press, 1982, p. 169.
3. Voir Richard Wilhelm (traducteur), *The Secret of the Golden Flower : A Chinese Book of Life*, New York, Harcourt Brace Jovanovich – a Harvest/HBJ book, 1962, p. 106.
   « Ces visions que j'ai eues, écrit Hildegarde, je ne les ai contemplées ni dans mon sommeil, ni en rêve, ni dans la folie, ni avec mes yeux charnels ou mes oreilles de chair, ni en des lieux secrets ; mais éveillée, alerte, avec les yeux de l'esprit et mes oreilles intérieures, je les ai perçues au grand jour et selon la volonté de Dieu. Et, en vérité, il est difficile pour un être de chair de découvrir comment cela s'est fait. » (Voir Charles Singer, « The Scientific Views and Visions of Saint Hildegard », *in Studies in the History and Method of Science*, Londres, William Dawson & Sons, 1955, p. 53.)
4. Rabindranāth Tagore, *in* Amiya Chakravarty (éd.), *A Tagore Reader*, New York, The Macmillan Company, 1961, p. 225.
5. *Ibid.*, pp. 84, 86.
6. Nikos Kazantzakis, *Saint Francis*, New York, Simon & Schuster, 1962, p. 176-177.
7. Voir Joseph Campbell (éd.), *The Portable Jung*, New York, Penguin, 1976, p. 524. Voir aussi Tertullien, *Apologetical Works*, Library of the Fathers of the Church, New York, Fathers of the Church, 1950, p. 140.
8. Voir Barbara Novak, *The Ape & the Whale*, Moose, Wyoming, Homestead Publishing, 1995, pp. 91-92.
9. Blanche Howard, « A Good Day on a Minor Galaxy », *The Antigonish Review*, n° 99, automne 1994, pp. 13-14.
10. Cité par Jane Hirshfield (éd.), *Women in Praise of the Sacred*, New York, Harper-Collins, 1994, p. 109.
11. Anthony de Mello, *The Song of the Bird*, New York, Doubelday, 1982, pp. 22-23.

12. Stephanie Kaza, *The Attentive Heart : Conversations with Trees*, New York, Fawcett Columbine, 1993, pp. 149-150.
13. Cité dans *The John Main Newsletter*, lettre de Dom Laurence Freeman, 21 mars 1995, p. 2.
14. Voir A. J. Arberry, *Sufism : An Account of The Mystics of Islam*, Londres, Unwin Paperbacks, 1979, pp. 54-55.
15. Saul Bellow, « Reflections (The Middle East-I) », *The New Yorker*, 12 juillet 1976, pp. 43-44. Voir aussi Saul Bellow, *To Jerusalem and Back : A Personal Account*, New York, Viking Penguin, 1976, p. 10.
16. Thomas Buckley, « Living in the Distance », *Parabola*, vol. IX, n° 3, 1984, p. 73.
17. *Songs of Kabir*, traduit par Rabindranāth Tagore, 1917 – réédition, New Delhi, Cosmo, 1985, p. 45.
18. Claude Lévi-Strauss, *Tristes Tropiques*, 1955 – réédition, Paris, Terre humaine/Poche, Plon, 1995, p. 161.
19. Cité par Aldous Huxley, *The Perennial Philosophy*, New York, New American Library, 1972, pp. 74-75.
20. *Ibid.*, p. 170.
21. Howard Murphet, *Where the Road Ends*, Madras, Macmillan, 1993, pp. 182-183.
22. e. e. cummings, *in* Rolphe Humphries (éd.), *New Poems by American Poets #2*, New York, Ballantine, 1957, p. 39. Voir aussi *Complete Poems : 1905-1962 by E. E. Cummings*, édité par George J. Firmage, Londres, Marchim Press, 1973, p. 749.
23. Voir Rabindranāth Tagore, *The Religion of Man*, Boston, Beacon Press, 1961, p. 190.
24. Voir Naveen Patnaik, *The Garden of Life : An Introduction to the Healing Plants of India*, New York, Doubleday, 1993, p. 71.
25. Voir George A. Maloney S. J., *Prayer of the Heart*, Notre Dame, Indiana, Ave Maria Press, 1981, p. 168. Nysse était un nom qui englobait plusieurs antiques cités vouées au culte de Dionysos. Césarée de Cappadoce, la ville où Grégoire fut élevé dans une famille chrétienne de l'aristocracie, était la principale communauté de ce qui est aujourd'hui le centre oriental de la Turquie d'Asie.
26. Cité par Huxley, *The Perennial Philosophy*, p. 174.
27. Thomas Merton, *The Sign of Jonas*, New York, Harcourt Brace Jovanovich – a Harvest/HJB book, 1979, p. 360. Auteur de plus de quarante livres et plaquettes et de plusieurs recueils de poèmes, Thomas Merton est peut-être mieux connu pour son récit autobiographique qui relate

sur un ton à la fois inspiré et plaisant la recherche de l'idéal monastique au gré des déboires de la vie quotidienne, décrite avec beaucoup d'humanité dans *The Seven Storey Mountain*.

28. Valentine Zander, *St. Seraphim Sarov*, Crestwood, New York, St. Vladimir's Seminary Press, 1975, p. 91.
29. Cité par Charles Singer, « The Scientific Views and Visions of Saint Hildegard », *in Studies in the History and Method of Science*, Oxford, Oxford University Press, vol. 1, 1917, p. 33. Alors qu'elle aprochait de la fin de sa vie, Hildegarde écrivit que la lumière vivante ne l'avait jamais vraiment désertée, puisqu'elle avait reconnu l'accord qui les unissait toutes deux.
   « Et maintenant que j'ai plus de soixante-dix ans, mon esprit s'élève, selon la volonté de Dieu, à la vision des cieux les plus élevés et des étendues d'air les plus lointaines et il se répand parmi différents peuples vers des régions bien au-delà de moi, ici, et de là, je puis contempler les nuages changeants et les mutations de toutes les choses de la création ; car je ne les perçois pas avec l'œil ou l'oreille du dehors, pas plus que je ne les crée des cogitations de mon cœur... mais dans mon esprit, les yeux ouverts, de sorte que, jamais, je n'ai éprouvé de terreur quand elles me quittaient. » (Singer, p. 55.)
30. Kathleen Norris, *Dakota : A Spiritual Geography*, Boston, Houghton Mifflin Company, 1993, p. 157.
31. Seyyed Hossein Nasr, *Three Muslim Sages*, Cambridge, Massachusetts, Harvard University Press, 1964, p. 92.
32. Cité *in ibid.*, p. 118.
33. Jolande Jacobi (éd.), *Paracelsus : Selected Writings*, Bollingen Series XXVIII, New York, Pantheon, 1951, p. 119.
34. Abu Hamid Muhammad al-Ghazzali, traduction de Claud Field revue et annotée par Elton L. Daniel, *The Alchemy of Happiness*, Armonk, New York, M. E. Sharpe, 1991, p. 15.
35. Cité par Lizelle Reymond, « Intimate Journeys », *Parabola*, vol. IX, n° 3, août 1984, p. 41. Voir aussi *To Live Within*, où Reymond relate son séjour de cinq années dans un ermitage himalayen. *Hima* et *laya* sont des termes sanskrits qui signifient « la demeure de neige ».
36. Martin Luther King Jr., « Letter from Birmingham City Jail », *in* Hillman M. Bishop et Samuel Hendel (éd.), *Basic Issues of American Democracy : A Book of Readings*, New York, Appleton-Century-Crofts, 1965, pp. 288-296.
37. Eliezer Shore, « The Heart of Ritual », *Parabola*, vol. XIX, n° 4, 1994, p. 20.
38. D. H. Lawrence, *Studies in Classic American Literature*, New York, The Viking Press, 1964, p. 30.

LÉGENDES DES PHOTOGRAPHIES

photo de couverture

Une assemblée d'Anciens. Arches National Park, Red Rock Country, dans le sud-est de l'Utah. Juin 1995.

page 36

Femme couchée. Millicoma River Valley, à l'est de Coos Bay, Oregon. Mai 1993.

page 39

L'appel des pierres. On les désigne aussi sous le nom de *Rochers en équilibre* ; Arches National Park, Utah. Juillet 1993. Le parc des « Arches » s'étend sur environ 273 kilomètres carrés de terre semi-désertique, un lieu étrange et fantastique où l'improbable domine. Les formes paysagères sculptées par l'érosion composent d'innombrables arches naturelles spectaculaires, des aiguilles hypnotiques, des ailerons, des pinacles, de hautes buttes et des mégalithes, d'antiques ruines indiennes, des dunes de sable pétrifiées, et un foisonnement de vie animale et végétale. Le monolithe en équilibre au premier plan de la photographie s'élève sur une hauteur de 39 mètres. Le bloc de pierre qui surmonte la base de grès est haut de 17 mètres et pèse près de 3 577 tonnes, ou pour reprendre les termes de l'écrivain et historien des Arches John Hoffman « l'équivalent de 1 600 automobiles ». Le bloc est naturellement d'aplomb sur son piédestal. Il s'effondrera avec le temps. Les formes paysagères uniques des Arches, avec leur apparence si vivante, sont vieilles de 100 à 300 millions d'années. Nombre d'entre elles évoquent des créatures mythiques, des animaux et des humains.

page 43

Arbre qui court. Jardin japonais, Golden Gate Park, San Francisco. Mai 1993.

page 49

Ent. Forêt de Hoh, Péninsule Olympique, Washington. Mars 1995. Dans *Le Seigneur des anneaux* de J. R. R. Tolkien, les *Ents* sont des créatures de la forêt semblables à des arbres avec des « orteils comme des racines » et une mémoire immense ; « les arbres et les Ents... descendent ensemble les âges ». Leur apparence évoque une grande variété d'arbres dont le hêtre, le tilleul, le sapin et le bouleau. Les Ents sont les gardiens des arbres mais aussi de tous ceux qui pensent et ressentent comme eux.

page 53

Gardiens de pierre en marche. « Avenue des Pierres », Avebury, Angleterre. Janvier 1989.

page 58

Arbre esprit. Seward Park, Seattle. 1992.

page 62

Le vieil homme du Hoh. Forêt de Hoh, Péninsule Olympique, Washington. Janvier 1990. Le nom « Hoh » vient d'un mot indien qui signifie « eau blanche rapide ». La forêt humide de Hoh en zone tempérée fait partie de l'Olympic National Park of the Pacific Northwest. Les glaciers, le rivage, les troupeaux d'élans et les forêts sont autant d'éléments de cette région boisée unique, intégrée dans un parc national le 29 juin 1938 par le président Franklin D. Roosevelt.

page 66

Éveil d'arbre. Mayfair Newell Park, Seattle. Avril 1992.

page 72

L'Homme vert. Forêt de Hoh, Péninsule Olympique, Washington. Septembre 1992. Image archétypale qui remonte à la préhistoire. L'*Homme vert* représente la vie sans limites. C'est le symbole d'une unité reconstruite. « Ses mots sont des feuilles », dit le poète et écrivain William Anderson. « Il sait et révèle les lois secrètes de la Nature. » L'*Homme vert* présente une synergie des caractéristiques humaines et végétales. D'épaisses couvertures de lycopode recouvrent et protègent les érables géants du Hoh qui créent leurs propres sculptures mystérieuses et les formes spectaculaires dont ceci est un exemple. De fines draperies d'épiphytes (mousses, lycopodes et lichens) s'entrelacent délicatement pour former des configurations enchanteresses qui pendent des hautes branches des épicéas de Sitka, des cèdres rouges, des sapins de Douglas, et des pruches de l'Ouest – les « Quatre Grands » de la forêt humide de Hoh.

page 75

Torse. Washington Square Park, New York City. Août 1995.

page 80

Racines embrassées. Chan Chich, Belize, Amérique centrale. 1990. Situé dans le nord-ouest de Belize – un pays de 23 000 kilomètres carrés avec une population de moins de deux cent mille habitants – Chan Chich est pour le pèlerin un refuge paradisiaque au cœur d'une forêt tropicale d'une région de nature vierge et sauvage qui s'étend sur plus de mille kilomètres carrés et comprend une antique cité maya avec sa place centrale, ses temples et ses tertres funéraires datant de 250 à 800 après J.-C. Plus de sept cents espèces d'arbres croissent dans la forêt ainsi que quelque 4 000 espèces de plantes. Chan Chich est le nom d'une petite rivière qui serpente dans la forêt. Cela veut dire aussi « petit oiseau » dans un vieux chant maya.

page 83

Sage redwood. Californie du Nord. Mai 1993.

page 90

Pachyderme. Pierre levée avec un tertre funéraire dans le lointain, « Avenue des Pierres » ; Avebury, Angleterre. Janvier 1989. Les vastes cercles de terrassement et de pierre d'Avebury situés sur les collines de craie de Marlborough dans le Wiltshire, au sud de l'Angleterre, ont été appelés « les temples à ciel ouvert de la Grande-Bretagne préhistorique ». Toutes les pierres sont des monolithes de grès dur. On pense qu'un total de plus de quatre cents pierres se dressaient à une époque, à la fois à l'intérieur du terrassement (qui consiste en un large fossé surmonté d'un talus) et en dehors, dans les deux avenues – chacune bordée d'une double rangée de pierres levées – qui ont pu dans l'Antiquité faire office de chemins de procession. La plus grosse pierre qui subsiste pèse près de 60 tonnes ; le poids moyen étant de 15 tonnes. La hauteur des mégalithes varie beaucoup et va de un mètre vingt à sept mètres. Les cercles de pierre du complexe d'Avebury ont très probablement été construits aux environs de 2400 avant J.-C. Ils recouvrent une superficie d'environ douze hectares. On suppose qu'il s'agissait d'importants sites religieux et cérémoniels. Les cercles avaient également une signification astronomique. Le mystère subsiste cependant quant à la fonction et à la finalité véritables d'Avebury.

page 96

Arbre extatique. Arboretum de l'Université de Washington, Jardin japonais, Seattle. 1992.

page 99

« Adam et Ève ». Les deux pierres subsistantes de « The Cove », Cercle d'Avebury, Avebury, Angleterre. Janvier 1989. Au centre du Cercle nord se dressent deux impressionnants mégalithes qui ont constitué, croit-on, l'autel central et que l'on appelle les « Longstones », ou « Adam et Ève ». Leur rôle demeure une énigme. En 1911, « Adam » fut redressé. On évalua son poids à plus de 30 tonnes. Le cercle intérieur nord avait un diamètre d'environ 106 mètres et contenait

approximativement 27 pierres dont quatre sont encore visibles aujourd'hui. La configuration originale de « The Cove » consistait en trois grandes pierres qui formaient trois côtés d'un carré. La pierre manquante mesurait, prétend-on, « sept mètres de long ». « Adam » a une hauteur de cinq mètres trente ; la pierre « Eve » fait trois mètres trente de haut.

page 104

Mains d'arbre. Chan Chich, Belize, Amérique centrale. 1990.

page 109

Esprit félin. Commonwealth Avenue, Boston. Été 1990.

page 116

Baucis et Philémon. Chan Chich, Belize, Amérique centrale. 1990.

D'après la légende grecque, Philémon et sa femme Baucis, qui vivaient dans une humble demeure en Phrygie, offrirent généreusement l'hospitalité aux dieux Zeus et Hermès alors que tous les autres habitants de la ville leur refusaient le gîte et le couvert. En remerciement, les dieux consentirent à leur vœu le plus cher : mourir au même moment et se voir ainsi épargner la douleur de vivre l'un sans l'autre. Un jour, alors qu'ils étaient très vieux, chacun remarqua que son corps se couvrait d'écorce et qu'il lui poussait des feuilles, comme s'ils se transformaient en arbres. Avant que l'écorce n'eût recouvert leurs visages, ils s'écrièrent joyeusement : « Adieu, chère femme » et « Adieu, cher mari ». Aujourd'hui, les paysans de Phrygie continuent à montrer aux voyageurs les deux arbres qu'ils prétendent être Baucis et Philémon, croissant toujours ensemble, côte à côte, leurs branches et leurs troncs enlacés.

page 120

Le cairn huant. Kenidzhek, Péninsule de Penwith, Cornouailles, Angleterre. Janvier 1989. Décrit comme un lieu étrange qui incite à la méditation, le « Cairn huant » doit son nom à ses légendes de fantômes et « probablement au bruit prophétique et lourd de sens que les roches sacrées étaient réputées émettre par moments selon les anciens », écrit le Dr William Borlase dans *Antiquities of Cornwall* (1754). Le spectaculaire cairn de Kenidzhek domine le paysage et avait, pense-t-on, des fonctions astronomiques.

page 123

Panthéon. Monolithe rocheux de Vedauwoo Recreation Area, Medicine Bow Mountains, sud-est du Wyoming.

page 127

Glastonbury Tor, colline de la spirale sacrée. Glastonbury, Somerset, Angleterre. Janvier 1989. C'est une véritable inspiration quand on voit pour la première fois la célèbre colline sacrée, cet immense sein de la terre, qui s'élève à une hauteur de 170 mètres et domine le paysage environnant. Le Tor sacré (le mot « Tor » est d'origine celtique et désigne un pic rocheux ou une haute colline conique) est un lieu aux nombreuses sources, dont la plus fameuse est Chalice Well, réputée pour ses pouvoirs de guérison. De mystérieuses corniches labyrinthiques montent en spirale autour de la colline. On a émis l'hypothèse qu'elles servaient de voies initiatiques ; peut-être comme un lieu de convergence spirituelle. Au sommet du Tor se trouvent les ruines d'une chapelle du XIVe siècle dédiée à saint Michel.

page 130

La nature de Bouddha. Pilier central (avec des offrandes de coquillages et de plumes à la base du mégalithe), Cercle de Boscawen-un, Péninsule de Penwith, Cornouailles, Angleterre. Janvier 1989. L'impressionnant mégalithe central de granit est entouré d'un collier de dix-neuf pierres, elles aussi de granit – sauf une qui est un bloc étincelant de quartz blanc. La faculté qu'ont les cristaux d'interagir avec la conscience est une croyance largement répandue dans une multitude de traditions sur la planète. Le quartz et le cristal de roche, par exemple, ont depuis l'Antiquité servi de catalyseurs dans des cultures traditionnelles pour des rituels de guérison et de clairvoyance. Le granit possède une radioactivité interne qui est réputée engendrer des états de conscience altérés et une lumière visible.

page 137

Lézards amoureux. Sur la plage de la réserve biologique de Marenco, sud-ouest de la côte pacifique, Costa Rica. Février 1995.

page 144

Lingam cornique. Pierre levée à Trelew Farm, entre Drift et St. Buryan, Cornouailles, Angleterre. Janvier 1989. L'une des principales divinités hindoues est Shiva, destructeur et créateur de mondes, et symboliquement représenté par un pilier phallique qu'on appelle lingam. Le phallus symbolise la puissance, la fertilité, la continuité, autrement dit, l'existence. Les mégalithes funéraires de forme phallique se retrouvent dans nombre de cultures de par le monde. Leur rôle est de protéger l'esprit du défunt. « L'âme "réside" dans la pierre, écrit Mircea Eliade, et c'est pourquoi, dans de nombreuses cultures, des pierres que l'on pense habitées par les "ancêtres" sont des instruments dont on se sert pour rendre fertiles les champs et les femmes. » Les vieilles pierres semblent très répandues dans les champs autour de St. Buryan. Le haut pilier de Trelew fut déterré en 1871 par le pasteur local, le Dr William Borlase, qui découvrit des fragments d'os humains près de sa face nord. Un homme de science comme sir Norman Lockyer et plus tard l'ingénieur Alexander Thom ont visité, inventorié les monuments corniques et leur ont consacré des ouvrages (respectivement au tournant du siècle et dans les années 1960) qui les identifiaient comme des alignements et des instruments d'observation astronomique. Lockyer fut le premier à restituer de telles fonctions à ces monuments. Les travaux de Lockyer et Thom, à la fois sérieux et passionnés, ont créé des vagues d'enthousiasme pour les sites mégalithiques, un phénomène que l'écrivain John Michell appela malicieusement « mégalithomanie ».

page 149

Elfes dans les arbres. Forêt de Hoh, Péninsule Olympique, Washington. Mars 1995. Plus de 130 espèces d'épiphytes croissent sur les arbres du Hoh, ornant les branches de la forêt de leurs hampes vertes qui s'étirent sur quinze à vingt-cinq centimètres en tissant leurs voûtes et autres formes intrigantes. Les épiphytes (du grec *epi*, « sur », et *phuton*, « plante ») trouvent leur nourriture dans l'air et l'eau de pluie et apportent à leurs arbres hôtes des éléments nutritifs estimables.

page 151

Pierre aux souhaits. Cercle d'Avebury, Avebury, Angleterre. Janvier 1989. Ce gigantesque monolithe mesure à peu près quatre mètres cinquante de large et quatre mètres trente de haut. C'est le seul mégalithe d'Avebury à posséder une ouverture au sommet, rapporte Michael Dames dans *The Avebury Circle*. « C'est une pierre portail, écrit Dames, et les portes physiques correspondent souvent à des seuils psychologiques. » Dans la région, la pierre est connue sous le nom de « Siège du Diable » parce qu'elle comprend un petit rebord dans la partie centrale plus basse, assez large pour s'asseoir. Jusque dans les années 1930, dit Dames, la pierre a continué à exercer une influence saisonnière sur l'avenir des adolescentes et c'est pourquoi on l'appelait « Pierre aux souhaits ». Certains la considèrent toujours comme un instrument de divination.

page 154

Nu langoureux. Chan Chich, Belize, Amérique centrale. 1990.

page 156

Chun Quoit. Land's End, Cornouailles, Angleterre. Janvier 1989. Situé au sommet d'une colline au cœur d'une lande près des pierres éboulées de l'ancienne enceinte de Chun Castle, ce monument de granit est souvent dépeint comme un champignon mégalithique. Sa dalle plate presque circulaire de six mètres de diamètre recouvre une chambre close. Ce genre de construction composée d'une dalle reposant sur des pierres levées porte en principe le nom de dolmen, mais en

Cornouailles on l'appelle un « Quoit ». Le Chun Quoit est une impressionnante structure de l'âge de fer qui semble avoir été édifiée à partir d'un « granit particulièrement énergétique », rapporte Paul Devereux, qui fait autorité en géomancie. Il définit le Quoit comme un environnement radioactif-interactif à l'origine des explosions de lumière, des apparitions et des altérations de la conscience qui ont été perçues par de nombreuses personnes autour ou à l'intérieur de la construction. Dans son étude sur les conceptions religieuses de l'âge de pierre, Rachel Levy émet l'hypothèse que les dolmens aient pu être considérés comme des portes donnant sur le monde des morts. On retrouve partout sur la planète de ces constructions préhistoriques closes qui ressemblent à des cavernes. Leur fonction, cérémonielle ou autre, demeure inconnue, mais Devereux pense qu'elles peuvent « nous apprendre quelque chose sur les racines de la conscience occidentale ».

page 160

Tête d'Indien. Washington Square Park, New York City. Août 1995.

page 163

Une congrégation d'esprits animaux (1 à 5). On les appelle aussi *Rochers en équilibre* (Balancing Rocks). Juin 1995. Dans un petit canyon en Oregon, on voit surgir de nulle part un étonnant rassemblement de mégalithes de forme conique, couronné chacun d'une dalle plate. L'effet produit est celui d'une forêt pétrifiée d'étranges formes vivantes sculptées dans une coulée de lave préhistorique. Eliot Bowen m'a déclaré que, tandis qu'il photographiait ce site d'aspect lunaire peuplé par les témoins silencieux des éons de la mémoire, il se sentait entouré de puissants esprits animaux. Leur présence palpable a persisté tout au long de son expérience sur les versants de ce ravin retiré. On prétend que des forces de guérison naturelles imprègnent la surface de ce petit canyon.

page 170

Matrice. Près du lac Quinault, Péninsule Olympique, Washington. Septembre 1992.

page 174

Stonehenge. Plaine de Salisbury, Wiltshire, Angleterre. 1989. L'abondante littérature sur Stonehenge, l'un des plus impressionnants monuments mégalithiques du monde, propose un large éventail de théories quant à son existence : temple druidique, observatoire, ordinateur de l'âge de pierre, monument commémoratif, lieu de rassemblement, de sacrifice humain, centre solaire, théâtre d'importants rituels. La fonction exacte de ce magnifique site néolithique demeure un mystère. On admet généralement que sa construction s'est opérée en plusieurs phases, dont la première a commencé vers l'an 3000 avant J.-C. Sa forme originelle est le « trilithe », qui se compose de deux piliers de pierre coiffés d'une dalle horizontale. Le trilithe central s'élève sur près de huit mètres et mesure trois mètres de large. Selon l'Écossais Alexander Thom, ancien professeur de génie civil à l'université d'Oxford, les bâtisseurs de cet édifice mégalithique étaient d'excellents ingénieurs et astronomes. Dans *Megalithic Sites in Britain* (1967), Thom suggère que Stonehenge se trouvait au centre d'un vaste système enchevêtré de sites astronomiques qui recouvraient méthodiquement le paysage. Ses relevés méticuleux des paysages monolithiques combinés à ses découvertes statistiques ont magistralement confirmé les dimensions astronomiques des sites mégalithiques. Récemment, Stonehenge a aussi été décrit comme un paysage mental (Devereux) ou encore comme un vortex énergétique entièrement spiritualisé.

page 180
Otarie. On l'appelle aussi « Violoneux aveugle » (« Blind Fiddler ») ; Péninsule de Penwith, Cornouailles, Angleterre. Janvier 1989. Cet étonnant mégalithe mesure trois mètres trente de haut. Il est « incrusté de quartz... et l'on raconte qu'il s'agit d'un noceur pétrifié pour n'avoir pas observé le Jour du Seigneur », écrit John Michell dans *The Old Stones of Land's End*.

page 184
Cercle de Tregeseal. Péninsule de Penwith, Cornouailles, Angleterre. Janvier 1989. La péninsule rocheuse et isolée de Land's End en Cornouailles à l'extrême pointe occidentale de l'Angleterre est une terre magnétique – la terre sacrée des druides – qui recèle une multitude de cercles de pierres, de cairns, de tors, de quoits et de mégalithes associés aux traditions religieuses, divinatoires, astronomiques, funéraires et aux rites de fertilité. Le Cercle de Tregeseal est l'un des quelque 900 cercles de pierre connus dans les îles britanniques.

page 192
« Peak Experience ». Affleurement rocheux ; Arches National Park, Utah. Mai 1993.

page 195
Loup émergent. Forêt de Hoh, Péninsule Olympique, Washington. Mars 1995.

page 197
Gargouille de Hoh. Forêt de Hoh, Péninsule Olympique, Washington.

page 200
Arbre Ange. Forêt de Hoh, Péninsule Olympique, Washington. Mars 1995.

page 203

Corps à corps. Arches National Park, Utah. Juin 1995.

page 208

Arbre Totem (déployant la voûte de la forêt tropicale). Chan Chich, Belize, Amérique centrale. 1990.

page 211

Chameau au repos. Arches National Monument, Utah. Juin 1995.

page 216

Avenue des pierres vivantes. Connue aussi sous le nom d'« Avenue des pierres d'Avebury » ; West Kennet Avenue, Avebury, Angleterre. Janvier 1989. Une avenue entre deux rangées parallèles de pierres levées, qui s'étend sur presque deux kilomètres et demi, reliait à l'origine l'entrée sud du Complexe d'Avebury aux cercles de pierre d'Overton Hill, que l'on appelle le Sanctuaire. Érigées sans doute entre 2500 et 2000 avant J.-C., les grandes pierres présentent des caractéristiques contrastées – de hauts et minces piliers alternant avec des formes en diamant plus courtes et plus larges – que certains interprètent comme des symboles masculins et féminins. Selon le regard que l'on porte sur ces pierres on a pu relever et décrire une fascinante collection de formes intrigantes et de visages animaux, humains ou mythologiques.

page 224

Cercle de pierre de Boscawen-un (triptyque). Ferme de Boscawen-un, Péninsule de Penwith, Cornouailles, Angleterre. Janvier 1989. Considéré comme « le plus charmant » des cercles de pierre, de granit et de quartz en Cornouailles, Boscawen-un consiste en un anneau de dix-neuf pierres autour d'un haut pilier central incliné fermement planté. On estime qu'il s'agit d'un des principaux centres de Gorsedd, les anciens lieux de réunion des bardes en Grande-Bretagne. La découverte à Boscawen-un par sir Norman Lockyer, homme de science réputé, de deux pierres écartées qui marquent la position du lever du soleil en mai et en novembre suggère que ce site mégalithique avait une fonction astronomique. Dans son livre *Stonehenge and other British Stone Monuments Astronomically Considered* (1906), Lockyer – que l'on considère comme le « père de l'archéoastronomie » – décrit les propriétés astronomiques des mégalithes et des cercles de pierre et voit en eux les temples et les observatoires des troisième et deuxième siècles avant J.-C. où officiaient des « prêtres et prêtresses astronomes ». Jusqu'ici, cependant, on manque encore de preuves archéoastronomiques directes, mais les recherches progressent. On s'accorde généralement à estimer que les monuments de pierre de la péninsule furent construits il y a quelque quatre mille ans.

En Cornouailles, le Dragon Project Trust – dont l'objectif est de mesurer le magnétisme terrestre et ses effets énergétiques (champs magnétiques, rayonnement naturel, infrarouge, lumière visible, ultrasons, etc.) sur les sites préhistoriques – a confirmé au cours des dernières années que tous les cercles de pierre d'Angleterre et du pays de Galles, qui comprennent nombre de mégalithes sacrés, ont été construits à moins d'un kilomètre et demi d'une faille géologique. Les recherches du Dragon ont permis d'identifier des zones énergétiques spéciales, tout particulièrement sur les lieux des monuments mégalithiques et des cercles de pierre. La fusion du ciel, de la terre et de la pensée – les « paysages » spirituel, tellurique et mental – est l'élément fondamental indispensable à la compréhension des paysages sacrés de l'Antiquité.

page 231

Détail de girafe. Réserve naturelle de Corcovado, sud-ouest de la côte pacifique du Costa Rica. Février 1995.

page 234

Rêve canin. Kingston, Washington. Janvier 1990.

page 238

Genoux d'arbre. Kingston, Washington. Avril 1995.

page 242

Les trois grâces. Réserve biologique de Marenco, sud-ouest de la côté pacifique, Costa Rica. Février 1995.

page 245

Sylvebarbe. Forêt de Hoh, Péninsule Olympique, Washington. Mars 1995. Dans *Le Seigneur des anneaux* de J. R. R. Tolkien, Sylvebarbe * est le plus âgé des Ents, le Sage Berger de la forêt – qui possède des « siècles de souvenirs » et des yeux « très pénétrants ». Tolkien le décrit non sans tendresse : « Sa forme était semblable à celle d'un homme, presque d'un troll, de haute taille, quatorze pieds au moins, très robuste, avec une haute tête et presque pas de cou... la longue figure... couverte d'une vaste barbe grise, broussailleuses, presque rameuses... »

* En anglais *Treebeard* ; le nom « Sylvebarbe » est celui de la traduction française de Francis Ledoux (Christian Bourgois) (*N.d.T.*).

page 250

Louve pleine hurlant. On l'appelle aussi « Arche à la tourelle » (« Turret Arch ») ; Arches National Park, Utah. Juin 1995. Vue depuis l'arche massive de North Window, Turret Arch a une largeur de douze mètres et s'élève jusqu'à dix-neuf mètres.

page 256

Yoda. Chan Chich, Belize, Amérique centrale. 1990.

page 262

Pharaon de l'Utah. Arches National Park, Utah. Juin 1995.

page 269

Rituel d'accouplement. Connu aussi sous le nom de « Men-an-tol » ; Péninsule de Penwith, Cornouailles, Angleterre. Janvier 1989. « Les pierres, les rocs, les monolithes, les cromlechs, les menhirs, etc. *deviennent* sacrés parce qu'ils portent la marque de quelque force spirituelle », écrit Mircea Eliade dans son *Traité d'histoire des religions.* On pense que des pierres trouées ont servi depuis des temps immémoriaux dans des rituels de guérison, de divination et de fertilité. L'anneau de pierre « femelle » et les piliers « mâles » de Men-an-tol étaient considérés comme des réservoirs d'énergie bienfaisante issue de la terre et du granit des mégalithes. Les enfants malades et d'autres personnes aspirant à la guérison devaient passer dans le trou face au soleil, trois ou neuf fois de suite. La pratique a continué jusqu'à l'époque moderne. On attribuait aussi aux pierres percées un symbolisme solaire et des fonctions astronomiques. En Inde, par exemple, les pierres trouées sont désignées comme des « portes de la délivrance » du cycle sans fin de naissance et de renaissance, dit Eliade.

page 273

Visages dans la falaise. Columbia River Gorge, Oregon. Mai 1995.

page 281

Racines chaotiques. Près du lac Quinault, Péninsule Olympique, Washington. Septembre 1992.

page 285

Aigle. Forêt de Hoh, Péninsule Olympique, Washington. Mars 1995.

Bibliographie

Outre les ouvrages et autres sources auxquels renvoient les notes, les titres repris ci-après peuvent éclairer le sens profond des paysages sacrés et leur impact sur l'évolution de la conscience humaine.

Albanese, Catherine L., *Nature Religion in America : From the Algonkian Indians to the New Age*, Chicago, University of Chicago Press, 1990.

Altman, Nathaniel, *Sacred Trees*, San Francisco, Sierra Club Books, 1994.

Anderson, William, *Green Man : The Archetype of Our Oneness with the Earth*, Londres, HarperCollins, 1990.

Awoonor, Kofi, *The Breast of the Earth*, New York, NOK Publishers International, 1975.

Bachelard, Gaston, *La Poétique de la rêverie*, Paris, 1960 – troisième édition, P.U.F., 1990.

Bateson, Gregory, *La Peur des anges : vers une épistémologie du sacré*, traduit par Christian Cler et Jean-Luc Gribone, Paris, éditions du Seuil, 1989.

Bateson, Gregory, *Mind and Nature : A Necessary Unity*, New York, E. P. Dutton, 1979.

Berman, Morris, *The Re-enchantment of the World*, Ithaca, New York, Cornell University Press, 1981.

Bernbaum, Edwin, *Sacred Mountains of the World*, San Francisco, Sierra Club Books, 1988.

Berry, Thomas, *The Dream of the Earth*, San Francisco, Sierra Club Books, 1988.

La Bhagavada-gītā, édité par Anne-Marie Esnoul et Olivia Lacombe, Paris, éditions du Seuil, 1977.

Bielecki, Tessa, *Teresa of Avila : Mystical Writings*, New York, Crossroad Publishing, 1994.

Bord, Janet, et Bord, Colin, *The Secret Country*, Londres, Elek, 1976.

Callicott, J. Baird, et Ames, Roger T., *Nature in Asian Traditions of Thought : Essays in Environmental Philosophy*, Albany, SUNY Press, 1989.

Cook, Roger, *L'Arbre de vie, image du cosmos*, Paris, éditions du Seuil, 1975.

Corbin, Henry, *Corps spirituel et terre céleste*, Paris, Buchet-Chastel, 1979.

Cowan, James G., *The Mysteries of the Dream-Time : The Spiritual Life of Australian Aborigines*, Bridport, Dorset, Prism Press – Lindfield, Nouvelle-Galles-du-Sud, Unity Press, 1989.

Devereux, Paul, *Places of Power : Secret Energies at Ancient Sites*, Londres, Blandford, 1990.

Fowles, John, *The Tree*, Boston, Little, Brown, 1979.

French, R. M., trad., *The Way of the Pilgrim*, New York, Harper & Row, 1954 – réédition, San Francisco, Harper-San Francisco, 1991.

Fukuoka, Masanobu, *The Natural Way of Farming : The Theory and Practice of Green Philosophy*, traduit par Frederic P. Metreaud, Tokyo, Japan Publications, 1985.

Fukuoka, Masanobu, *The Road Back to Nature*, traduit par Frederic P. Metreaud, Tokyo, Japan Publications, 1987.

Heyneman, Martha, *The Breathing Cathedral : Feeling Our Way into a Living Cosmos*, San Francisco, Sierra Club Books, 1993.

Hoffman, John Floyd, *Arches National Park : An Illustrated Guide and History*, San Diego, Western Recreational Publications, 1981.

Huth, Hans, *Nature and the American : Three Centuries of Changing Attitudes*, Berkeley-Los Angeles, University of California Press, 1957 ; Lincoln, University of Nebraska Press, 1972.

Huxley, Francis, *The Way of the Sacred*, Londres, Bloomsbury Books, 1989.

Joussaume, Roger, *Dolmens for the Dead : Megalith-Building Throughout the World*, Ithaca, Cornell University Press, 1988.

Jung, Carl Gustav, *Alchemical Studies*, traduit par R. F. C. Hull, Bollingen Series XX, vol. 13, Princeton, New Jersey, Princeton Univesity Press, 1976.

Kazantzakis, Nikos, *Lettre au Greco : bilan d'une vie*, traduit par Michel Saunier, Paris, éditions Plon, 1961.

Levy, Rachel, *The Gate of Horn : A Study of the Religious Conceptions of the Stone Age, and Their Influence Upon European Thought*, Londres, Faber & Faber, 1948.

Lopez, Barry, *Rêves arctiques : imagination et désirs dans un pays nordique*, traduit par Dominique Dill, Paris, Albin Michel, 1987.

Lopez, Barry, *The Rediscovery of North America*, Lexington, Kentuky, University Press of Kentuky, 1990.

Lundquist, John M., *The Temple : Meeting Place of Heaven and Earth*, New York, Thames and Hudson, 1993.

McLuhan, T. C., *Dream Tracks : The Railroad and the American Indian, 1890-1930*, New York, Harry N. Abrams, 1985.

McLuhan, T. C., *Pieds nus sur la terre sacrée*, Paris, éditions Denoël, 1974.

McLuhan, T. C., *The Way of the Earth : Encounters with Nature in Ancient and Contemporary Thought*, New York, Simon & Schuster, 1994.

Merton, Thomas, *The Collected Poems of Thomas Merton*, New York, New Directions, 1977.

Merton, Thomas, *The Seven Storey Mountain, 1948* – réédition, New York, New American Library, A Signet Book, 1952.

Michel, John, *The Earth Spirit : Its Ways, Shrines, and Mysteries*, New York, Crossroad Publishing, 1975.

Michel, John, *Megalithomania : Artists, Antiquarians and Archeologists at the Old Stone Monuments*, Londres, Thames and Hudson, 1982.

Nasr, Seyyed Hossein, *Islamic Cosmological Doctrines : An Introduction*, édition revue, Londres, Thames and Hudson, 1978.

Nasr, Seyyed Hossein, *L'Homme face à la nature : la crise spirituelle de l'homme moderne*, Paris, Buchet-Chastel, 1978.

Novak, Barbara, *Nature and Culture : American Landscape and Painting 1825-1875*, New York, Oxford University Press, 1980.

Parlow, Anita, *A Song from Sacred Mountain*, Pine Ridge, Dakota du Sud, Oglala Lakota Legal Rights Fund, 1983.

Perlman, Michael, *The Power of Trees : The Reforesting of the Soul*, Dallas, Spring Publications, 1994.

Robins, Don, *Circles of Silence*, Londres, Souvenir Press, 1985.

Schama, Simon, *Landscape and Memory*, New York, Alfred A. Knopf, 1995.

Sheldrake, Rupert, *L'Âme de la nature*, traduit par Paul Couturiau, Monaco, éditions du Rocher, 1992.

Sherrard, Philip, éd., *The Pursuit of Greece : An Anthology*, Denise Harvey & Co., 1987.

Suzuki, Daisetz, *The Essentials of Zen Buddhism : An Anthology of the Writings of Daisetz T. Suzuki*, édité par Bernard Phillips, Londres, Rider & Co., 1963.

Tagore, Rabindranāth, *The Religion of Man*, Londres, George Allen & Unwin, 1931 – réédition, Boston, Beacon Press, 1961.

Teilhard de Chardin, Pierre, *Œuvres*, T. 5 : *L'Avenir de l'homme*, Paris, éditions du Seuil, 1959.

Thom, Alexander, *Megalithic Sites in Britain*, Oxford, Clarendon, 1967.

van der Post, Laurens, *Le Monde perdu du Kalahari : voyage au cœur de l'Afrique*, traduit de l'anglais par Denise Meunier, Paris, Lattès, 1993.

L'auteur remercie les personnes, les maisons d'édition et les institutions suivantes pour avoir autorisé la reproduction de textes protégés par le droit d'auteur :

Les ayants droit d'Edward Abbey, pour des passages de *Desert Solitaire*, d'Edward Abbey, © Edward Abbey, 1988, publié par University of Arizona Press.

Kofi Nyiedevu Awoonor, pour un passage de *Comes the Voyager at Last : A Tale of Return to Africa*, de Kofi Nyiedevu Awoonor, © Kofi Nyiedevu Awoonor, 1992, publié par Africa World Press, Inc.

Amy Barratt, pour quelques lignes de « The Mountain », d'Amy Barratt, © Amy Barratt, 1994, publié dans *Antigonish Review*, n° 99, 1994.

Mère Tessa Bielecki, pour un passage de « Bridal Mysticism », de Tessa Bielecki, © Naropa Institute, 1987, publié dans *Speaking of Silence*, par Paulist Press.

Thomas Buckley, pour un passage de « Living in the Distance », © Thomas Buckley, 1984, publié dans *Parabola*, vol. 9, n° 3, 1984.

James G. Cowan, pour un passage de *Letters from a Wild State : Rediscovering Our True Relationship to Nature*, de James G. Cowan, © James G. Cowan, 1991, publié par Bell Tower, une filiale de Crown Publishers.

Le De Mello Spirituality Center, Fordham University, pour un extrait de *The Song of the Bird*, d'Anthony de Mello, © Anthony de Mello, 1982, publié par Doubleday.

Eleanor Friede Books, Inc., pour un passage de *The Education of Little Tree*, de Forrest Carter, publié par University of New Mexico Press, et reproduit avec l'accord d'Eleanor Friede Books Inc., © Forrest Carter, 1976. Tous droits réservés.

HarperCollins Publishers Ltd. et HarperWest, pour un passage de *The Perfection of the Morning : An Apprenticeship in Nature*, de Sharon Butala, © Sharon Butala, 1994.

Lex Hixon, pour un passage de *The Heart of the Koran*, de Lex Hixon, © Lex Hixon, 1988, publié par The Theosophical Publishing House.

Blanche Howard, pour un passage de « A Good Day on a Minor Galaxy », de Blanche Howard, © Blanche Howard, 1994, publié dans *Antigonish Review*, n° 99, 1994.

Stephanie Kaza, pour des passages de *The Attentive heart : Conversations with Trees*, de Stephanie Kaza, © Stephanie Kaza, 1993, publié par Fawcett Columbine.

Kodansha International Ltd., pour un passage de *The Soul of a Tree : A Woodworker's Reflections*, de George Nakashima, © Kodansha International Ltd., 1981. Tous droits réservés.

Belden C. Lane, pour des extraits de *Landscapes of the Sacred*, de Belden C. Lane, © Belden C. Lane, 1988, publié par Paulist Press.

Julian Lang (Institute of Native Knowledge, P. O. Box 261, Arcata, CA 95521), pour un passage de *Ararapikva : Creation Stories of the People*, Berkeley, de Julian Lang, © Julian Lang, 1994, publié par Heyday Books.

Liveright Publishing Corporation, pour les lignes tirées de « i am a little church (no great cathedral) » d'E. E. Cummings, © les administrateurs du E. E. Cummings Trust, 1968, 1986, 1991, extrait de *Complete Poems : 1905-1962 by* E. E. Cummings, édité par George J. Firmage.

William Morrow & Company, pour un extrait de *A Far-Off Place*, de Laurens van der Post, © Laurens van der Post, 1974.

New Directions Publishing Corporation, pour des extraits de *The Asian Journal of Thomas Merton*, de Thomas Merton, © les administrateurs du Merton Legacy Trust, 1975.

Kathleen Norris, pour des extraits de *Dakota : A Spiritual Geography*, de Kathleen Norris, © Kathleen Norris, 1993, publié par Houghton Mifflin Company.

Barbara Novak, pour des extraits de *The Ape & the Whale*, de Barbara Novak, © Barbara Novak, 1995, publié par Homestead Publishing.

Regina O'Melveny, pour un passage de « The Gingko Tree », de Regina O'Melveny, © Regina O'Melveny, 1991, publié dans *The Sun*, août 1991.

Peter Owen Publishers, pour des extraits de *The Way and the Mountain*, de Marco Pallis, © Marco Pallis, 1961.

Naveen Patnaik, pour des extraits de *The Garden of Life : An Introduction to the Healing Plants of India*, de Naveen Patnaik, © Naveen Patnaik, publié par Doubleday.

Penguin Books Ltd., Grande-Bretagne, pour des extraits de *The Narrow Road to the Deep North*, de Matsuo Bashō, traduit par Nobuyuki Yuasa, © Nobuyuki Yuasa, 1966 ; et pour des passages de *The Sacred Yew*, d'Anand Chetan et Diane Brueton, © Anand Chetan et Diane Brueton, 1994.

Rider & Co., une marque de Random House UK Ltd., pour des extraits de *The Way of the White Clouds*, du Lama Anagarika Govinda, © Lama Anagarika Govinda, 1992.

Shambhala Publications, pour des extraits de *The Wheel of the Life : The Autobiography of a Western Buddhist*, de John Blofeld, © John Blofeld, 1988. Reproduits avec l'accord de Shambhala Publications, Inc., 300 Massachusetts Avenue, Boston, MA 02115.

Colin Smythe Limited, au nom des ayants droit de Diarmuid Russell, pour des extraits de « Ireland Behind the Veil », de George William Russell, publié la première fois par Universal Brotherhood, juin 1897 ; réédité en mars 1922 dans *The Theosophical Path* (Point Loma, Californie) ; en 1988 dans *The Descent of the Gods : The Mystical Writings* (troisième partie des œuvres complètes de G. W. Russell), Gerrards Cross, Buckinghamshire, Grande-Bretagne.

Robert Thurman, pour un passage d'un entretien avec le Vénérable Tara Tulku, Rinpoche, « A New Dwelling », publié dans *Parabola*, vol. 9, n° 3, 1984.

Viking Penguin, pour un passage de *To Jerusalem and Back : A Personal Account*, de Saul Bellow, © Saul Bellow, 1976. Publié à l'origine dans *The New Yorker*, 12 juillet 1976, (« Reflections, The Middle East »).

Robert Walshe, pour un passage de *Wales' Work*, de Robert Walshe, © Robert Walshe, 1986, publié par Ticknor & Fields.

L'auteur a fourni des efforts raisonnables pour retrouver et mentionner les détenteurs de copyrights. Toute information nouvelle ou additionnelle à cet égard peut être communiquée à l'éditeur.

Cet ouvrage a été reproduit
et achevé d'imprimer en août 1996
dans les ateliers
de Normandie Roto Impression s.a.
61250 Lonrai

Dépôt légal : septembre 1996
N° d'imprimeur : 961548